BARBARA BECKER
MIT FRANCA MANGIAMELI

Optimize your Sugar

Unter Mitarbeit von Franziska Pfeiffer und
mit Rezepten von Inga Pfannebecker

INHALT

DIE ICONS BEI DEN REZEPTEN

- vegan
- glutenfrei
- vegetarisch
- laktosefrei

»Jedes Essen genießen und trotzdem gesund und fit bleiben: Wenn ich auf meinen Blutzuckerspiegel achte, steht dem nichts mehr im Wege. Das lohnt sich.«

BESSER ESSEN OHNE BLUTZUCKERSCHWANKUNGEN

Ich probiere gerne Neues aus und habe mir das zur persönlichen Devise gemacht. Damit bin ich bisher gut gefahren. Gesundheit möglichst bis ins hohe Alter und Genuss in jeder Lebensphase, das gehört für mich zusammen. Ich lebe im Hier und Jetzt, liebe die Dinge, die ich tue, genauso wie die Menschen, die mich umgeben. Ich habe aber auch die Zukunft im Blick. Wenn ich etwas entdecke, mit dem ich mich noch einmal weiterentwickeln kann, werde ich sofort neugierig. So ging es mir auch, als um mich herum ein regelrechter Hype um den Blutzucker ausbrach. Plötzlich trugen die Leute in meinem Umfeld ein kleines Messgerät am Arm und wollten damit viel erreichen: mehr Energie, weniger Heißhunger, bessere Laune und seltener krank sein. Manche hatten beschlossen, das Angenehme mit dem Nützlichen zu verbinden und ein paar überflüssige Pfunde loszuwerden, denn auch das sollte damit möglich sein. Andere nutzten die sogenannten Glukosetricks als Anti-Aging- oder Fitnessmaßnahmen. Da wollte ich auch wissen, was es damit auf sich hat. Der Zeitpunkt passte gut, denn ich war ohnehin gerade auf der Suche nach einer sinnvollen Ergänzung zum Scheinfasten, das ich seit einigen Jahren regelmäßig und effektiv betreibe.

Nach dem großen Erfolg meiner beiden Scheinfasten-Bücher „Five Days Only", die ich genauso wie dieses Buch mit der Ernährungswissenschaftlerin Franca Mangiameli geschrieben habe, wurde ich immer wieder gefragt, wie es denn weitergehen kann und was man zwischen den Scheinfasten-Zyklen essen sollte, um sein Gewicht und die wunderbaren Effekte von fünf Tagen Scheinfasten zu halten. Auf der Suche nach neuen Möglichkeiten, mich „ganz normal", also ohne Diät und ohne Verzicht, zu ernähren, stieß ich immer wieder auf das Thema Blutzucker. Ich beriet mich mit Franca, die sich schon lange mit diesem Thema befasst und bereits Vorträge darüber gehalten hat. Wir stellten schnell fest: Das ist etwas, womit wir uns beschäftigen sollten. Optimize your Sugar!

ALS GENUSSMENSCH LIEBE ICH SCHOKOLADE UND PIZZA

Mich gesund zu ernähren, ist für mich schon lange ein selbstverständlicher Teil meines Lebens. Wenn ich zu Hause bin und selbst kochen kann, esse ich viel frisches saisonales und regionales Gemüse, Früchte, Salat, Nüsse und Samen und achte bei pflanzlichen Ölen auf die Qualität. Kräuter und Gewürze stehen bei mir regelmäßig auf dem Speiseplan. Doch ich bin auch ein Genussmensch. Ich liebe Schokolade, esse mal eine Pizza, trinke gerne Wein mit Freunden, möchte bei Familienfesten keine Möhren knabbern. Ich habe nichts dagegen, ein besonderes Frühstück mal mit einem Glas Champagner aufzupeppen.

Wie lässt sich das mit einem ansonsten weitgehend gesunden Lebensstil zusammenbringen? Ich merkte: Der Blutzuckerspiegel kann hier der Schlüssel zum Erfolg sein. Also zu einer Ernährung, für die man nicht viel ändern muss, um schlank zu bleiben oder zu werden und sich dabei wohlzufühlen. Basierend auf den Prinzipien einer gesunden Ernährung – aber mit Tricks für Ausnahmen. Auf nichts mehr verzichten, ohne dem Körper übermäßig zu schaden. Geeignet für Fleischesser, Flexitarier, Vegetarier und Veganer. Das erschien mir perfekt.

MIT DEM „ARM-UFO" AUF ENTDECKUNGSREISE

So habe ich mich zusammen mit Freunden und Leuten aus meinem Team auf Entdeckungsreise begeben. Im ersten Schritt haben wir uns „Arm-Ufos" gekauft, wie die Tochter meiner Produzentin Blutzuckermessgeräte nennt, die am Oberarm getragen werden und kontinuierlich den Zuckerspiegel messen. Nach fünf Tagen Scheinfasten mit Low Carb ging es los. Sobald ich mein „Ufo" angelegt hatte, hörte ich erschrockene Fragen: „Barbara, bist du jetzt Diabetikerin?" Meine Antwort lautete: „Nein, aber mich interessiert, was im Inneren meines Körpers passiert." Das verrät das kleine Messgerät sehr genau.

Ich habe mein „Arm-Ufo" dreimal jeweils 14 Tage getragen. Wir mögen es alle unkompliziert und haben nach einem einfachen Plan gegessen: Alles außer hochverarbeitetem Essen war erlaubt. Kein Kalorienzählen, kein Verzicht. Wir haben unsere Aufmerksamkeit stattdessen auf die Reihenfolge und den Zeitpunkt der Mahlzeiten gerichtet und tolle Überraschungen erlebt.

VORBEUGEN ODER NACHSORGEN

Ein paar Beispiele: Ein Schokopudding als Snack ließ den Zuckerspiegel in die Höhe sausen, als Dessert nach dem Mittagessen schlug er gar nicht zu Buche. Mit einem Spaziergang kurz nach der Mahlzeit konnte ich die Folgen einer leckeren Pizza unter Kontrolle halten, die den Glukosespiegel ohne Bewegung hochtrieb. Andere erlebten Ähnliches, verspeisten einen Salat mit Essig und Öl als vorbeugende Maßnahme, knabberten ein paar Nüsse vorweg, um ein Reisgericht zu kompensieren, aßen erst die ballaststoffreichen Bohnen und dann die Nudeln, um Glukosespitzen zu vermeiden. Schon nach kurzer Zeit isst und trinkt man sehr

»Es geht ohne Kalorienzählen. Erlaubt ist alles, außer hochverarbeiteten Lebensmitteln. Du musst nur auf die richtige Reihenfolge und das perfekte Timing achten.«

bewusst und testet alles Mögliche aus. Wie reagiert mein Blutzucker nach einer glukosefreundlichen Mahlzeit im Vergleich zu einer -unfreundlichen? Wie reagiert mein Blutzucker auf verschiedene Nährstoffe? Welche spielen dabei eine große Rolle und welche kann ich vernachlässigen? Wann steigt und wann sinkt der Spiegel? Was passiert nach einem Bier, nach einem Croissant zum Frühstück oder nach einem Fastentag?

Einige Teilnehmer entdeckten mithilfe ihres „Arm-Ufos", dass sie bereits Prä-Diabetes haben, eine Vorstufe der gefährlichen Zuckerkrankheit Diabetes Typ 2. Andere nahmen ihre persönlichen Blutzuckerkurven zum Anlass für einen Arztbesuch und bekamen die erschreckende Diagnose „Fettleber". Zum Glück ist es nie zu spät zum Gegensteuern.

KLUGES GLUKOSEMANAGEMENT MIT EINFACHEN MITTELN

Schon nach zwei Wochen wussten wir, dass eine blutzuckeroptimierte Ernährungsform die ideale Strategie nicht nur für die Zeit zwischen den Scheinfastentagen ist, sondern dass auch jeder, der nicht fastet, davon profitieren kann. Mit Francas Unterstützung trugen wir zusammen, was die Wissenschaft heute über kluges Glukosemanagement und die Bedeutung des Blutzuckerspiegels weiß und wie man ihn höchst effektiv mit einfachen Maßnahmen beeinflussen kann. Genauso wie bei „Five Days Only“ haben wir wissenschaftlich untersucht, was es mit einer blutzuckerfreundlichen Ernährung auf sich hat. Dazu haben wir passende Rezepte entwickelt und verraten dir jede Menge Tipps und Tricks.

Ob jemand seinen Zucker vorbeugend optimieren möchte oder bereits Diabetes beziehungsweise Prä-Diabetes hat – in jedem Fall sollte man seinen Glukosespiegel stabil halten, um Krankheiten zu vermeiden. Forschungen haben gezeigt, dass es dafür verschiedene wirkungsvolle Strategien gibt, um die es in diesem Buch gehen wird. Nach dem neuesten Stand der Wissenschaft lässt sich ein hoher Blutzuckerspiegel mit gesunder Ernährung und ausreichend Bewegung effektiv und frei von Nebenwirkungen „behandeln“. Selbst bei Diabetes Typ 2, der in der Regel mit Medikamenten behandelt wird, die den Zuckerspiegel senken, ist es möglich, über die Ernährung gesund zu werden beziehungsweise mit weniger Medizin auszukommen.

MIT EINEM MESSGERÄT DEN OPTIMALEN ANSATZ FINDEN

Eine einfache Maßnahme besteht darin, insgesamt möglichst wenig Kohlenhydrate zu essen und dabei vor allem Lebensmittel mit einem niedrigen glykämischen Index auszuwählen. Zusätzlich machst du dein Essen wertvoller, indem du zum Beispiel viele Ballaststoffe zu dir nimmst. Wenn du verschiedene Lebensmittel kombinierst, kannst du deine Mahlzeiten so verändern, dass das Essen insgesamt länger im Magen bleibt und sich dadurch die Verdauung der Kohlenhydrate verzögert. Bestimmte Kombinationen und Reihenfolgen hemmen auch die Glukoseaufnahme im Darm.

Du solltest dabei wissen, dass jeder Mensch unterschiedlich auf verschiedene Tipps, Tricks und Hacks reagiert. Was für den einen gilt, kann für den anderen nicht zutreffen. Wenn du ein Messgerät trägst, wirst du den für dich persönlich besten Ansatz schnell finden. Dabei geht es nicht nur darum, die Blutzuckerkurven abzuflachen, sondern den Spiegel mit einer grundsätzlich gesunden Ernährungsweise zu optimieren, um vorzubeugen und lange fit zu bleiben. Nicht jede Blutzuckerspitze ist dramatisch. Man muss die sogenannten Peaks nicht grundsätzlich meiden, aber es ist gut, wenn der Blutzuckerspiegel nach zwei Stunden wieder unten ist. In diesem Sinne: Optimize your Sugar!

DEIN NEUER WEG ZU MEHR WOHLBEFINDEN

Seit 25 Jahren bin ich in der Ernährungsberatung tätig. Zu mir kommen Menschen, die abnehmen wollen oder müssen, weil bei ihnen zum Beispiel Bluthochdruck oder Diabetes diagnostiziert wurde. Die Zuckerkrankheit hat auch vor meiner Familie nicht haltgemacht. Mein Vater bekam bereits mit 50 die Diagnose „Zucker". Falsche Ernährung allein war nicht die Hauptursache dafür. Vielmehr haben Schichtdienste in der Fabrik, Rauchen und Bewegungsmangel sein Blut versüßt, seine Gefäße geschädigt und sein Risiko für Herzerkrankungen enorm erhöht. Die Konsequenz waren mehrere Schlaganfälle und sein früher Tod mit 55. Heute weiß ich, dass er sein Schicksal hätte abwenden können. Diabetes ist hausgemacht, eine Lebensstilerkrankung, die nicht nur vermeidbar ist, sondern die sich mit der richtigen Ernährungsstrategie heilen lässt. Der Verlust meines Vaters prägte meine Berufswahl. Ich studierte Ökotrophologie, ließ mich als Ernährungsberaterin nieder und legte den Fokus auf die Therapie von Lifestyle-Erkrankungen wie Insulinresistenz, Adipositas und Diabetes. Menschen Wege aufzuzeigen, wie sie ihre Gesundheit optimieren können, ist das eine, was mich antreibt. Das andere ist der Selbstschutz.

UNVERZICHTBAR FÜR FITTE GEFÄSSE

Ich bin mit Risikogenen zur Welt gekommen, vermacht von meinen Eltern. Ich muss also mehr aufpassen als andere. Deswegen stehen gesunde Ernährung, Sport und viel Bewegung im Alltag ganz oben auf meiner Selfcare-To-do-Liste. Damit möchte ich meine Glukosetoleranz möglichst lange erhalten beziehungsweise optimieren und eine hohe Insulinsensitivität bis ins hohe Alter anstreben. Das ist unverzichtbar für einen gesunden Stoffwechsel, fitte Gefäße und die beste Abwehr gegen vorzeitiges Altern und sämtliche Zivilisationskrankheiten. Dieses Buch zielt auf die Optimierung deines Zuckerstoffwechsels ab. Dafür musst du verstehen, welche Lebensstilfaktoren deinen Glukosestoffwechsel aus der Bahn werfen und warum eine beeinträchtigte Steuerung zum Nährboden sämtlicher Krankheiten wird. Nutze unsere Lifestyle-Hacks, um dem Insulin die Arbeit zu erleichtern. So kann es wieder einen guten Job machen und deinen Blutzucker mit „Leichtigkeit" optimieren. Richtige Ernährung, körperliche Aktivität, gesunder Schlaf, Stressabbau, Entspannung und regelmäßiges Fasten sind hierfür die wichtigsten Werkzeuge.

DER BLICK AUF MEINE INNEREN WERTE

Wie Barbara habe auch ich mithilfe eines Blutzuckermessgeräts einen Blick auf meine inneren Werte gewagt. Was dabei herauskam, ließ mich ein wenig erstarren. Statt schöner flacher Kurven, die ich erwartet hatte, sah ich ein ziemliches Gezappel, vor allem nachts. Am Essen konnte es nicht liegen, Sport treibe ich fast täglich und zu viel Körperfett trage ich auch nicht mit mir herum. Warum dann diese Peaks? Mein CGM (Continuous Glucose Monitoring = kontinuierliche Glukosemessung) hat es mir verraten. Es ist der Schlafmangel und der damit verbundene Stress, der die Leber veranlasst, Zucker ans Blut zu geben, der meine Zellen taub gegenüber Insulin macht. Wow, ich war geschockt und gleichzeitig beeindruckt, als ich sah, wie schnell

»Ich war geschockt und zugleich beeindruckt, als ich sah, wie schnell sich die Werte glätten, sobald ich durchschlafe.«

sich die Werte glätten, sobald ich durchschlafe. Was mir das CGM allerdings auch deutlich gezeigt hat: Mit sehr ungesunden Mahlzeiten kann ich ebenfalls schöne flache Kurven zeichnen – eine Pizza, geschickt belegt mit viel Käse und Salami, dazu ein Glas Wein, und tatata, eine flache Blutzuckerkurve. Toll, oder? Genau mit diesem Beispiel möchte ich dazu überleiten, was dieser Ratgeber **nicht** ist:

✦ Ein Sammelsurium an Blutzuckerkurven, das dir zeigt, wie du trotz Junkfood schöne Kurven zauberst und so ungesunde Ernährung rechtfertigst.

✦ Ein Panikmacher, der jedes Lebensmittel, das einen Glukosepeak verursacht, zur potenziellen Gesundheitsgefahr erklärt und dich somit veranlasst, vermeintlich gesunde Lebensmittel wie Obst oder Hülsenfrüchte aus dem Speiseplan zu verbannen.

✦ Ein Über-einen-Kamm-Scherer. Heißt, dass das, was wir in diesem Buch empfehlen, in der Literatur beschrieben wird oder gesammelte Erfahrungen aus unseren Experimenten sind. Das bedeutet jedoch nicht, dass alle Hacks bei allen gleich gut funktionieren. Dafür sind wir zu individuell und unser Blutzucker zu anfällig gegenüber Einflüssen wie Stress, Bewegung und Co.

✦ Ein Kohlenhydrat-Verächter: Wer andere Bücher von mir kennt, weiß, dass ich eine Low-Carb-Befürworterin bin. Kohlenhydrate haben den stärksten Einfluss auf unsere Blutglukose. Menschen mit einem Zuckerproblem profitieren von Low Carb. Das bedeutet aber nicht, dass alle auf Nudeln, Brot und Kartoffeln verzichten müssen. Grundsätzlich gilt: Je glukosetoleranter und insulinsensitiver du bist (und das sollte dein Ziel sein), desto unproblematischer sind Carbs für dich. Dennoch heißt es auch für Stoffwechselgesunde: keine raffinierten Junkfood-Carbs! „Optimize your Sugar" ist dein persönlicher Guide für gesündere Entscheidungen, dein Wegweiser hin zu einem fitteren Stoffwechsel, dein Werkzeug für mehr Leistungsfähigkeit, körperliches und mentales Wohlbefinden, deine Lösung für ein gesundes Leben bis ins hohe Alter.

Franca Mangiameli

ERFAHRUNGEN UND HINTERGRUNDWISSEN

Mit einem Messgerät für den Blutzucker erfährst du einiges über deinen Gesundheitszustand. Dann kannst du verschiedene Hebel in Gang setzen und Maßnahmen zur Optimierung ergreifen. Im ersten Teil unseres Buches geht es darum, wie du dein Wohlbefinden, deine Lebensqualität und deine Gesundheit verbesserst. Du erfährst, was ich und mein Team mit dem „Arm-Ufo" erlebt haben, und bekommst wertvolle Informationen über den ernährungswissenschaftlichen Hintergrund.

WAS HAT ES MIT DEM „UFO“ AUF SICH?

Ein kleiner Knopf am Oberarm macht's möglich. Wir können mit CGM (Continuous Glucose Monitoring) unseren Blutzuckerspiegel selbst messen. Wie funktioniert das? Worauf sollte man achten? Und warum darf aus der nützlichen Messung kein Essensdiktat werden?

Wir können uns mittlerweile hervorragend vermessen. Wir kennen unseren Pulsschlag, den Blutdruck, das Gewicht, zählen digital Schritte, bestimmen den Körperfettanteil, messen die Sauerstoffsättigung im Blut, kontrollieren die Schlafqualität und analysieren unsere Leistungen. Wir wissen, wie viele Kalorien wir aufnehmen und verbrauchen, und können sogar ein einfaches EKG schreiben, ohne eine Arztpraxis aufzusuchen. Unter Namen wie Fitnesstracker, Smartwatch oder Wearables geben geniale kleine Geräte umfassend Auskunft über unseren Gesundheitszustand. Nur die sogenannte kontinuierliche Glukosemessung (CGM) fehlte lange Zeit, obwohl die Blutzuckerwerte einen ganz entscheidenden Einfluss auf unsere Gesundheit haben.

GROSSER HYPE UM CGM FÜR GESUNDE

Während es bei Menschen mit Diabetes schon lange ein gängiges Hilfsmittel ist, ist CGM für Gesunde erst jetzt zum Hype geworden. Mit dem Labor im Miniformat eröffnen sich ganz neue Möglichkeiten. Du kannst deinen Glukosespiegel in Echtzeit verfolgen, Schwankungen und Spitzen erkennen und deinen Blutzucker selbst managen. Übers Essen, Bewegen und andere Alltagstätigkeiten lässt sich damit eine ganze Menge für die Gesundheit tun. Deshalb nutzen auch immer mehr Gesunde die kleinen Rechenzentren, um herauszufinden, wie Zucker auf ihren Körper und auf ihr Wohlbefinden wirkt. Sportlern hilft die Messung, ihre Leistungen zu verbessern. Wer über einen längeren Zeitraum misst, wird viel über den eigenen Stoffwechsel erfahren und kann daraus Schlüsse ziehen, um gesünder zu leben. Selbst wenn du dir kein eigenes Gerät anschaffen willst (die sind leider recht teuer), profitierst du vom Wissen darüber. Vielleicht hat deine Ärztin oder dein Arzt festgestellt, dass deine Werte noch normal sind, aber du willst wissen, ob dein Zuckerstoffwechsel nicht doch schon einen Knacks hat. Dafür haben wir einen Check entwickelt, der CGM zwar nicht ersetzt, aber dir hilft herauszufinden, wie hoch die Wahrscheinlichkeit ist, dass dein Glukosefeintuning nicht mehr perfekt funktioniert (siehe Seite 28). Wenn du nur deinen Lebensstil verbessern möchtest, helfen dir die Tipps in diesem Buch auch ohne eigenes Messgerät.

DIE DATEN WERDEN AUFS HANDY ÜBERTRAGEN

Zugegeben, am Anfang hatte ich ein wenig Respekt vor dem Anlegen des Geräts. Die Verpackung ist riesig im Gegensatz zu dem schmalen Knopf, der übrig bleibt, wenn man es trägt. Man sieht vor dem Anklicken eine kleine dünne Nadel – wie bei einer Spritze. Bevor es richtig losgeht, wird der hintere Oberarm erst einmal desinfiziert. Dann bringt man den Knopf beherzt mit einem Klack in die Haut. Ich habe zwar kurz gezuckt, aber es tut tatsächlich nicht weh. Beim Duschen und Schwimmen bleibt der Knopf dran. Zur Beruhigung für Spritzen-Phobiker: Die Nadel bleibt nicht im Oberarm. Sie ist nur der Wegbereiter für einen dünnen Faden, der die Glukosekonzentration in der Flüssigkeit, die die Zellen im Unterhautfettgewebe umgibt, misst. Das kommt sehr nah an den Blutzuckerspiegel heran. Die Daten werden übertragen und erscheinen dann live auf dem Handy.

DER BLUTZUCKERSPIEGEL WIRD RUND UM DIE UHR GEMESSEN

In der Regel holt sich das Gerät einmal pro Minute einen Wert. So lässt sich der Spiegel rund um die Uhr messen. Es zeigt, wie die Werte sich bewegen, und hilft dabei, drohende Über- oder Unterzuckerung zu erkennen, um rechtzeitig gegenzusteuern. Die Daten lassen sich aufs Handy oder einen Computer übertragen, ausdrucken und analysieren. Das ist bequemer und umfassender als die herkömmliche Blutzuckermessung, bei der man sich mit einer kleinen Nadel sticht, um einen Tropfen Blut herauszuholen. Du erhältst mit dem „Ufo" am Arm mehr als nur eine kurze Momentaufnahme. Allerdings möchten wir auch warnen: So effektiv das kleine Gerät auch ist, du solltest es nicht als Allheilmittel verstehen. Wenn du damit deine Gesundheit verbessern willst, ist es lediglich eine von mehreren Maßnahmen, die du immer im Zusammenspiel sehen solltest. Denn nur dann wird es wirklich nützlich. Die Reaktion des Körpers auf Zucker allein sagt zum Beispiel nicht automatisch etwas darüber aus, ob ein Lebensmittel gesund ist oder nicht. Selbst wenn es eine Blutzuckerspitze auslöst, musst du es nicht gleich vom Speiseplan streichen, auch wenn das im ersten Moment vernünftig erscheint. Lass dich von den Werten nicht verrückt machen, nur weil du sie messen kannst. Nutze dein „Arm-Ufo" lieber, um auch mal der Lust auf Genuss nachzugeben, indem du das richtige Timing beachtest oder zu anderen Maßnahmen

greifst, die kleine Sünden kompensieren. Nur weil du deinen Blutzuckerspiegel messen kannst, sollte kein Diktat daraus werden.

STRESS UND LEBENSSTIL HABEN EINFLUSS

Es kann sein, dass du auf einzelne Lebensmittel unterschiedlich reagierst. Wenn du im Stress bist oder etwas vor oder nach etwas anderem isst, ändern sich die Werte. Es ist ebenfalls ein Unterschied, ob du dich nach dem Essen bewegst oder nicht. Du kannst ausprobieren, was du tun musst, um deine Glukosetoleranz zu verbessern. Als Glukosetoleranz bezeichnet man die Fähigkeit des Körpers, den Blutzuckerspiegel in der Balance zu halten. Ist dieser Mechanismus gestört, steigt der Zuckerspiegel zu stark an und sinkt zu langsam wieder ab. Mit einem gesunden Lebensstil lässt sich das Risiko für solche Störungen verringern. Gelingt es, langfristig so zu essen, dass sich die Glukosetoleranz verbessert, sinkt auch der Zuckerspiegel.

MEHR KRAFT, MEHR ENERGIE UND MEHR GELASSENHEIT

Mit meinem Blutzuckermessgerät bin ich ungesunden Energieräubern auf die Schliche gekommen. Die Zeit mit dem „Ufo“ hat einiges verändert. Vor allem ist mein Umgang mit kleinen und größeren Sünden gelassener geworden. Und das hat wunderbare Folgen für meinen Alltag.

Gesund essen? Da habe ich mich immer auf sicherem Terrain bewegt. Ich kenne mich aus mit saisonaler Küche, koche selbst, achte auf die Qualität, hatte nie mit Übergewicht zu kämpfen und keine ernährungsbedingten Krankheiten. „Was kann ich da noch lernen?“, fragte ich mich. Doch inzwischen weiß ich: Selbst wenn das meiste, was ich zu mir nahm, im grünen Bereich lag, war ich in Sachen Zucker eher unbewusst unterwegs. Mir war natürlich klar, dass Zucker gesundheitsschädlich ist. Ich kannte auch die typischen Zucker-Crashs, bei denen man zugreift, einfach weil es schmeckt, dann viel mehr als nötig verdrückt und trotzdem nicht genug hat. Auch ich muss diesem ständigen Drang nach Süßem widerstehen. Ich freue mich (zugegeben leider immer noch) über das kurzfristige Hochgefühl, wenn ich schnell verdauliche Kohlenhydrate esse. Schokolade, Pizza, Pasta, Alkohol – ja, dafür bin ich durchaus anfällig. Selbst wenn ich es vom Kopf her anders sehe und genau weiß, dass ich es hinterher bereue, ließ ich mich zwischendurch immer wieder mal unbewusst leiten und handelte wie ferngesteuert.

STRATEGIEN GEGEN DIE ZUCKER-CRASHS

Ich brauchte also Strategien, um aus diesem Kreislauf herauszukommen. Denn gesund zu sein heißt noch nicht, dass auch der Blutzuckerspiegel im Lot ist. Das Überangebot an Kohlenhydraten macht das nicht leichter – ein „Ufo“ am Arm aber sehr wohl. Bei mir hat es vor allem ein anderes Bewusstsein für den Umgang mit Lebensmitteln geschaffen, die allein nicht unbedingt Gesundheitsbooster sind. „Optimize your Sugar“ heißt für mich nicht, alle Leckereien aus meinem Leben zu verbannen, sondern sie zu reduzieren und ihre Wirkung abzumildern oder zu kompensieren, sodass sie mir nichts mehr anhaben können. Ich möchte nicht komplett auf ungesunde Genüsse verzichten, aber ich will meine Figur halten, meine Gefäße schützen und noch lange ohne Schmerzen und Krankheiten leben. Meine erfreuliche Bilanz nach ein paar Wochen Selbstversuch: Ich kann besser aufhören mit Süßzeug, kann auch kleine Mengen genießen und fühle mich so schlank und fit wie selten zuvor.

ICH MAG SCHÖNE KURVEN AUF DEM MESSGERÄT

Dass mein Messgerät bei Reis mehr ausschlug, als ich erwartet hatte, war kein Problem. Ich kann gut darauf verzichten. Auch den Aperol Spritz lasse ich inzwischen weg, obwohl ich gerne Alkohol trinke. Sonst erlaube ich mir alles – und es geht mir gut dabei. Ich lasse mich nicht mehr vom Heißhunger treiben. Mit dem Wissen, dass ich alles darf, was ich mag, kann ich leichter mal einen Gang zurückschalten. Ich spüre dann keine Trauer über entgangene Möglichkeiten, sondern freue mich über mehr Energie. Ich schaffe es mit dieser Methode tatsächlich, nie „irgendwas“ zu essen oder zum Kühlschrank zu rennen und nachzusehen, was so

DREI KILO WENIGER DURCH DIE ZUCKEROPTIMIERUNG

Früher habe ich vor Fotoshootings oder Fernsehauftritten eher mit Rücksicht auf die Kalorienmenge gegessen. Ich war nie dick, kenne aber den selbst gemachten Stress, wenn ich denke: „Jetzt schnell noch mal drei Kilo runter." Ich brauche das jetzt gar nicht mehr. Ich habe im Rahmen meines Selbstversuchs drei Kilo von allein verloren, seit ich auf die Zuckeroptimierung achte. Ich bin kein typischer Stressesser, kenne es aber von mir, dass ich mehr oder weniger unbewusst zugreife. Mal aus Langeweile oder auch mal vor Freude („Man gönnt sich ja sonst nichts"), einfach auf der Suche nach einem kleinen Kick oder weil ich müde bin. Mit einem optimierten Zuckerspiegel schaffe ich es besser, solche Situationen etwa mit dem Duft von ätherischen Ölen oder ein paar bewussten Atemzügen zu bewältigen.

gehen könnte in Sachen „Von der Hand in den Mund". Stattdessen beobachte ich mich sehr genau. Ich gehe bewusst in die Küche und lasse mich nicht von unerklärlichen Kräften treiben, um mir dann mit schlechtem Gewissen hastig etwas reinzuziehen. Ich mag das gute Gefühl, schöne Kurven auf dem Messgerät zu sehen. Es gibt mir Sicherheit zu wissen, wie ich Zuckerspitzen vermeide und gar nicht erst in das Chaos hineingerate, in das mich zu viel Mousse au Chocolat sonst gebracht hat.

ACHTSAM ESSEN UND DANKBARKEIT FÜHLEN

Am Tisch gilt bei mir: Weniger ist mehr. Für mich sind Fisch und Fleisch zum Beispiel besondere Ausnahmen. Ich esse beides, wenn ich weiß, wo es herkommt. Ich tue das dann sehr bewusst, kaue achtsam jeden Bissen. Das heißt aber noch lange nicht, dass ich es jeden Tag haben muss. Niemand braucht täglich Fleisch. Das gilt auch für Riesenteller. Ich kann mich jetzt überwinden, mal nicht alles aufzuessen. Reste lassen sich wunderbar verschenken, teilen, aufbewahren oder clever wiederverwerten. Der Überfluss, der uns heute zur Verfügung steht, macht uns sonst maßlos. Außerdem ist es mir wichtig, beim Essen jede Form von Zwang zu vermeiden. Stattdessen sage ich: Leute, genießt, was ihr auf dem Teller habt. Betrachtet es als etwas Wertvolles. Setzt euch zum Essen hin, achtet auf den Geschmack. Übt euch in Dankbarkeit. Denkt daran: Es ist doch wie bei einem tollen Auto. Wenn es uns viel wert ist, geben wir ihm das Beste, was auf dem Markt ist. Warum sollten wir unseren eigenen Körper schlechter behandeln? Wir brauchen sprichwörtlich keinen Zucker im Tank, auch wenn der uns an gefühlt jeder Ecke anlacht.

UNTERWEGS MIT EIGENEM BROT UND GESUNDEN SNACKS

Das Thema Rhythmus ist bei der Blutzuckerregulierung ebenfalls wichtig. Ich bin viel unterwegs, oft geht's über ganze Kontinente. Lange Flüge mit Zeitumstellungen bringen mich da leicht aus dem Konzept. Ich will mich über dieses Schmetterlingsdasein nicht beschweren. Ich habe es mir schließlich selbst ausgesucht und ich genieße es. Aber es erfordert gute Planung, denn beim Essen möchte ich nicht auf das angewiesen sein, was man unterwegs mal eben im Vorbeigehen kaufen kann. Das sind meist die Sachen, die den Blutzuckerspiegel nach oben treiben. Deshalb habe ich wie andere ihre Zahnbürste und ihre Unterhose immer ein paar gesunde Snacks, mein eigenes Brot und eine Wasserflasche dabei. Auch die Brotbackmischung nehme ich mit. Damit alles ins Gepäck passt, lasse ich schon mal ein Paar Schuhe zu Hause.

REISEN SOLLTEN KEINE AUSREDE FÜR SCHLECHTE ERNÄHRUNG SEIN

Unterwegs tauche ich gerne tief ein in die Welten, in denen ich gerade sein darf. Wenn ich zum Beispiel in Italien durch Mailand gehe, lasse ich alles in Ruhe auf mich wirken. Ich genieße die Düfte, die mir in die Nase ziehen. Klar, dass ich nicht nur durch die Gassen der Altstadt schlendere, um zu schnuppern. Ich möchte all das, was so lecker riecht, auch probieren, also erleben. Dabei hilft es mir, auf Klasse statt auf Masse zu setzen. Ein bisschen Essig oder einen Salat vorweg – dann geht auch Pasta. „Ausgerechnet du isst eine Portion Spaghetti carbonara?“, höre ich dann häufig. „Ja“, sage ich, „wahrscheinlich sogar häufiger als du.“ Auch wenn viele es nicht glauben: Ich gehöre keineswegs zu denen, die am Tisch nur im Salat rumstochern. Meine Devise: Wenn schon essen, dann muss es richtig gut schmecken. Das gilt auch bei Pizza. Ich nehme mir die Zeit, nach der besten zu suchen und das Essen dann zu zelebrieren. Ansonsten ist es natürlich super, wenn man Gemüse selbst lecker zubereiten kann. Ich koche auch auf Reisen, wenn ich die Gelegenheit habe. Wenn nicht, gibt es eben Rohkost im Hotelzimmer. Reisen darf keine Ausrede für schlechtes Essen werden.

NEUE RITUALE HELFEN BEIM ESSEN IN GEMEINSCHAFT

Beim Essen in Gesellschaft muss ich mir etwas ausdenken. Geburtstage, Feiern, Meetings, Treffen mit Freunden – da will ich nicht meine Schüssel mit Rohkost rausholen und Spielverderber sein. Zum Glück helfen die Hacks, die wir dir in diesem Buch vorstellen, auch im Restaurant. Zusätzlich habe ich neue Rituale entwickelt, denn auch wenn wir es gewohnt sind: Nicht jede schöne Begegnung muss mit Kalorienzufuhr verbunden sein. Ich treffe mich etwa immer häufiger mit anderen zum Spazierengehen. Und mir ist klar: Selbst lange Abende müssen nicht damit enden, dass alle Flaschen leer sind.

FRÜH ANFANGEN: BEIM ZUCKER NICHT DAUERND NACHGEBEN

Ich finde es wichtig, dass man das schon als Kind lernt. Ich selbst bin mit Bio-Lebensmitteln aufgewachsen. Meine Mutter hat sehr auf gesunde Ernährung geachtet. Süßigkeiten waren bei uns nicht verboten, aber wir hatten sie einfach nicht im Haus. Ich konnte nicht losziehen und über eine Schublade mit Naschkram herfallen. Natürlich habe ich Schokolade und Co. geliebt, aber ich bekam nichts im Übermaß. Bei meinen Kindern habe ich noch strenger darauf geachtet. Mein Sohn Noah hat mit acht Jahren sein erstes Eis gegessen. Ich habe beiden Söhnen viel ermöglicht und auch oft nachgegeben, wenn sie etwas wollten, aber nie beim Zucker. Inzwischen sind sie groß genug, um das selbst zu verstehen. Sie fragen nach meinen Rezepten und ernähren sich extrem gesund.

OPTIMIZE YOUR SUGAR MIT FÜNF GROSSEN SÄULEN

Wenn es um die Blutzuckeroptimierung geht, spielt nicht nur die Ernährung eine Rolle. Fast alles, was wir tun, hat ebenfalls Einfluss auf den Verlauf der Kurven. Deshalb haben wir für dieses Buch fünf Säulen entwickelt: Ernährung, Fasten, der Umgang mit Stress, Bewegung und Schlaf. An all diesen Stellschrauben kannst du drehen, um von „Optimize your Sugar“ zu profitieren. Für mich persönlich sind das wichtige Kraftquellen, mit denen ich sagen kann: So soll es weitergehen. Je älter ich werde, desto dankbarer bin ich für meine Gesundheit. Ich weiß es zu schätzen, wenn ich ohne Schmerzen laufen kann und nicht nach drei Treppen aus der Puste bin. Das soll so lange wie möglich auch so bleiben.

SO IST ES UNS ERGANGEN: STAUNEN, REUE, GUTE VORSÄTZE

Erwartungen bestätigt, Überraschungen erlebt und Konsequenzen daraus gezogen? Hier findest du ein paar Stimmen und Erfahrungen, die Bekannte und ich selbst mit dem Blutzuckermessgerät gemacht haben. Sie zeigen, wie extrem sich leicht verdauliche Kohlenhydrate auswirken.

✶ Alles andere als optimal

„Zuerst war ich zufrieden, mein Messgerät zeigte keine großen Spitzen. Erst auf den zweiten Blick erkannte ich, dass der Verlauf flach, aber durchgehend hoch war. Mein Zucker lag praktisch nie unter 100. Das war natürlich nicht optimal. Aus Frust habe ich abends noch einen Eisbecher vertilgt. Das war mein schlimmster Peak.." *Susanne*

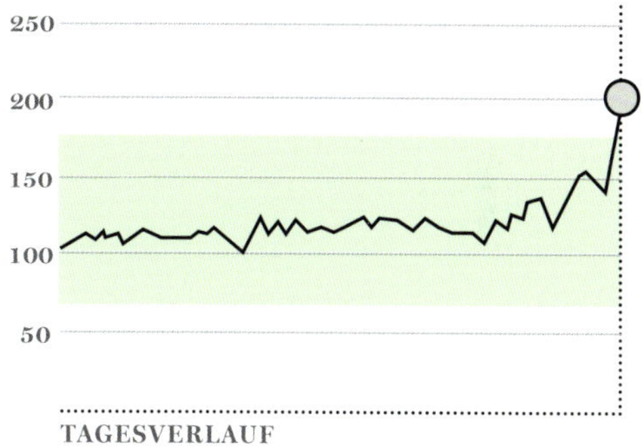

✶ Mal eine männliche Kurve

„Morgens ein belegtes Brötchen am Bahnhof (Zacke 1), mittags Salat, Matjes und Bratkartoffeln (Zacke 2, nicht ganz so hoch, wahrscheinlich dank des Salats vorweg), abends ein Bier mit Mettwurstbrötchen. So hat mein Mann früher immer gegessen." *Ingrid*

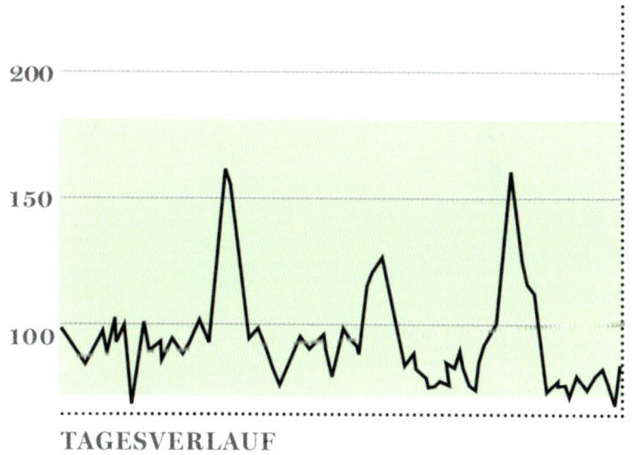

✶ Mein krassester Wert

»Ups, was war denn da los? Mein krassester Wert. Eine Rolle Spicy Salmon Sushi mit einem kleinen Glas Mangoschorle. Wahnsinn! Das war ein Fehler, denn das Sushi bestand hauptsächlich aus Reis, ganz wenig Lachs und darüber eine süß-scharfe, durchsichtige Sauce. Ich sollte bei Reis künftig wohl vorsichtiger sein.« *Barbara*

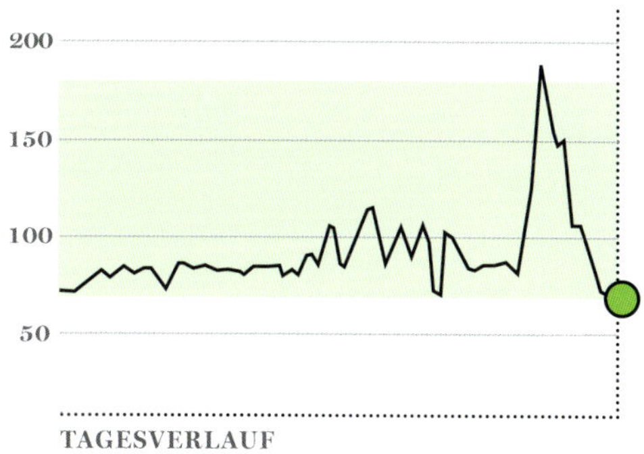

»Essen mit gutem Gewissen. Wenn du deine Blutzuckerkurve flach hältst, nimmst du leichter ab und bleibst länger fit, jung und gesund.«

WIR BRAUCHEN ZUCKER, ABER BITTE NICHT ZU VIEL

Ohne Glukose geht es nicht. Ob Zellen, Gewebe oder Organe – der Traubenzucker ist ein unentbehrlicher Treibstoff. Wenn wir gerade nicht fasten, konsumiert allein das Gehirn als Energiefresser 75 Prozent der Blutglukose. Ohne dieses süße Molekül könnten wir nicht existieren. Das heißt aber nicht, dass wir die Süße in Reinform essen müssen. Der Körper kann Glukose selbst herstellen.

Um die Bedeutung von Glukose (also von Traubenzucker, auch Dextrose genannt) einschätzen zu können, musst du wissen, dass dieser Zucker unentbehrlich ist. Vor allem die Zellen des Nierenmarks, der Nerven und die roten Blutkörperchen können ausschließlich Glukose zur Energiegewinnung nutzen. Das Gehirn als Energiefresser benötigt drei Viertel der Blutglukose. Hauptabnehmer des im Blut schwimmenden Zuckers ist die Muskulatur. Wenn die Nahrung knapp ist wie beim Fasten, kann das Gehirn seinen Energiebedarf zum größten Teil (75 Prozent) über einen alternativen Treibstoff, die sogenannten Ketone, decken. Diese werden zum Beispiel beim Fasten aus körpereigenem Fett in der Leber gebildet. So kann das Gehirn mit 40 anstatt mit 120 Gramm Glukose pro Tag auskommen. Aber auch die Muskeln, das Herz und das Fettgewebe können ihre Energieversorgung durch Fettsäuren und Ketone sicherstellen.

Fakt ist, wir müssen Zucker nicht essen! Erstens, weil die meisten Organe ihren Energiebedarf durch anderen Treibstoff ergänzen können, und zweitens, weil wir selbst in der Lage sind, die unentbehrliche Menge an Glukose zu bilden, und zwar aus Nichtkohlenhydraten (Aminosäuren, Laktat, Glyzerin). Wir sind also in der Lage, komplett ohne die Zufuhr von Glukose auszukommen. Die Menschheit hätte Phasen des Nahrungsmangels sonst nicht überleben können.

WAS IST GLUKOSE?

Glukose ist ein sogenannter Einfachzucker, in der Fachsprache ein Monosaccharid (siehe Kasten rechts), der im Kohlenstoffwechsel eine zentrale Rolle spielt. Er ist das häufigste Kohlenhydrat und kommt in verschiedenen Formen vor, zum Beispiel als Fruktose und Galaktose. Glukose gelangt ohne weitere Verdauungsprozesse sehr schnell über die Darmwand ins Blut. Unser Körper gewinnt sie aus der Nahrung und nutzt sie als Energiequelle, wie schon erwähnt, vor allem für die Nerven und fürs Gehirn. Verschiedene Hormone – wie Insulin, Adrenalin, Darmhormone (Inkretine) und Glukagon, der Gegenspieler des Insulins – regulieren den Glukosespiegel im Blut.

WORIN STECKT EIGENTLICH TRAUBENZUCKER?

Glukose landet nicht nur über gezuckerte Lebensmittel im Blut. Auch nicht süß schmeckende Nahrung liefert Glukose in Form von Stärke. Diese kann man sich wie eine Perlenkette vorstellen, bei der die einzelnen Perlen (Glukosemoleküle) miteinander verbunden sind. Je weniger andere Nährstoffe man zusätzlich isst, desto einfacher wird die Glukose mithilfe von Enzymen von der Stärkekette abgespalten und desto schneller landet sie im Blut. Man spricht dann auch von schnell verdaulichen Kohlenhydraten, beziehungsweise „nackter“ Stärke. Hierzu zählt vor allem raffinierte Stärke, die zum Beispiel in Weißmehlprodukten steckt. Aber auch weißer Reis, Kartoffeln und daraus hergestellte Produkte sorgen häufig für einen rasanten Abfall des Blutzuckers. Die Folgen spüren wir schnell: Heißhunger, Müdigkeit und mangelnde Leistungsfähigkeit. Langsam verdauliche Kohlenhydrate (Stärke) sind hingegen gemächlicher unterwegs – deshalb sind sie zu bevorzugen. Sie stammen meist aus natürlichen oder gering verarbeiteten Lebensmitteln. Ihre Struktur ist weitgehend erhalten. Sie sind reich an Ballaststoffen, was sie in ihrer Blutzuckergeschwindigkeit ausbremst – das sorgt für flachere Blutzuckerkurven. Diese Kohlenhydrate sind in Gemüse, Hülsenfrüchten, Nüssen, zahlreichen Obstsorten und Vollkornprodukten enthalten. Bei Letzteren aber nur, wenn das volle Korn noch ganz ist. Also keine Produkte aus Vollkornmehl – und Vollkornnudeln auch nur dann, wenn sie nicht verkocht sind.

EIN MEISTER DER BLUTZUCKER-REGULATION

Etwa vier Gramm Glukose schwimmen in unserem Blut, das entspricht einem schwach gehäuften Teelöffel Zucker und ist nicht besonders viel. Bereits kleine Abweichungen dieser Blutzuckermenge nach unten oder oben können unsere Gesundheit langfristig beeinträchtigen. Deshalb ist unser Körper darauf trainiert, diesen Teelöffel Zucker im Blut möglichst in Balance zu halten. Sobald die Konzentration ansteigt, etwa nach dem Essen und bei Stress, oder sinkt (zum Beispiel nachts, beim Fasten oder wenn wir uns bewegen), aktiviert der Körper seine ausgeklügelte Blutzuckerregulations-Software. Ihre Funktionsweise ist ziemlich komplex, denn beim Feintuning sind gleich mehrere Organe beteiligt, die miteinander über hormonelle oder neurale Signale kommunizieren und dann gemeinsam entscheiden, wer was zu tun hat. Auf diese Weise kann ein gesunder Mensch „süßes“ Blut und

VERSCHIEDENE ZUCKERARTEN

- **Einfachzucker** (im Fachbegriff Monosaccharide) setzen sich aus den kleinsten Bestandteilen der Kohlenhydrate zusammen. Die winzige Zuckereinheit wird nicht weiter aufgespalten. Der Körper kann sie aufnehmen, ohne sie zu zerlegen. Einfachzucker gehen direkt ins Blut und liefern sofort Energie. Zu dieser Art gehören Glukose (Traubenzucker), Fruktose (Fruchtzucker) und Galaktose (Schleimzucker).

- **Zweifachzucker** entstehen durch die Verbindung von zwei Einfachzuckern. Sie stecken in normalem Haushaltszucker, in Rohr- oder auch in Milchzucker und kommen vor allem in Süßigkeiten, Obst und Milch vor. Zweifachzucker werden als Disaccharide bezeichnet. Der Körper spaltet sie zur Verwertung auf, was etwas langsamer abläuft als bei den Einfachzuckern.

- Die dritte Gruppe sind die **Mehrfachzucker** (Polysaccharide), die sich aus mehreren Einfachzuckermolekülen zusammensetzen. Sie werden auch als Stärke bezeichnet und sind nicht ganz so süß. Sie finden sich in ballaststoffreichen Lebensmitteln und lassen den Zuckerspiegel nur langsam ansteigen. Bevor sie ins Blut gelangen, muss der Körper sie im Mund, im Magen und im Darm zerlegen. Stärke ist gesund und gehört zu den „guten“ Kohlenhydraten.

SO FUNKTIONIERT DER ZUCKERSTOFFWECHSEL

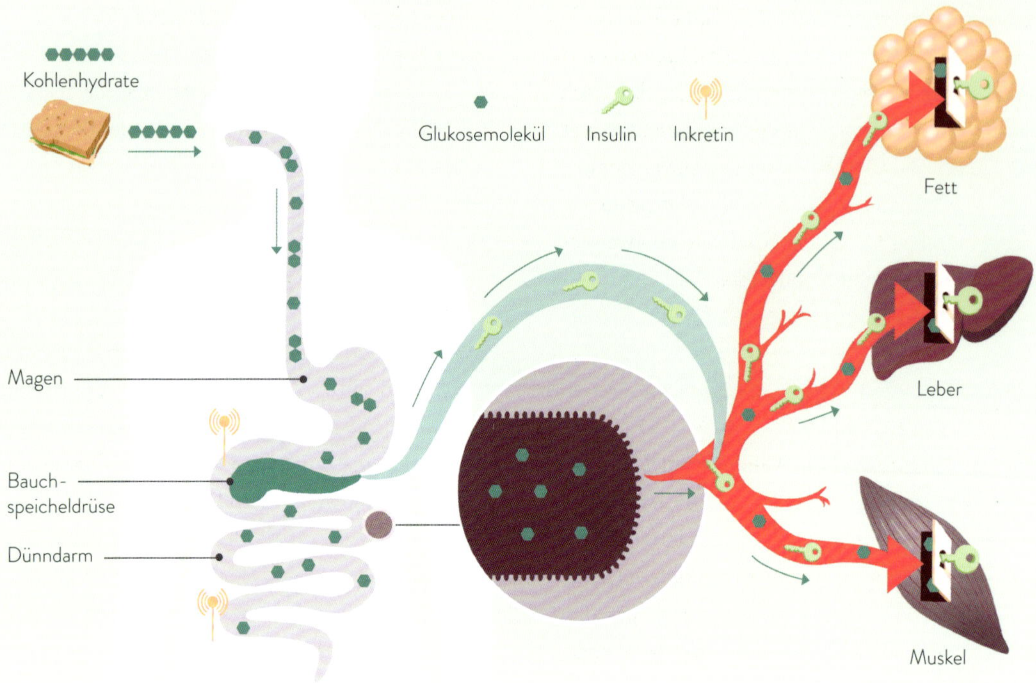

gefährliche Unterzuckerungen vermeiden. Genial, oder? Federführende Rollen spielen dabei verschiedene Organe: die Bauchspeicheldrüse, die Leber, die Muskulatur und der Darm. Aber auch Gehirn, Zwischenhirn, Nebenniere, Schilddrüse und das Fettgewebe wirken mit.

Der Referenzbereich für den Blutzucker liegt zwischen 70 und 140 mg/dl, wobei sich der letzte Wert auf nach dem Essen bezieht. Bei Gesunden sollte der Nüchternzucker 100 mg/dl nicht überschreiten. CGM-Daten haben gezeigt, dass stoffwechselgesunde Menschen zu 96 Prozent den Referenzbereich zwischen 70 und 140 mg/dl nicht verlassen. Dieser Bereich gilt als optimal. Bei Menschen mit Diabetes ist er mit 200 mg/dl und mehr oft erheblich höher. Zuckerwerte können auch in Millimol pro Liter (mmol/l) angegeben werden (siehe Seite 24).

KEIN GRUND ZUR PANIK BEI VEREINZELTEN PEAKS

Es ist völlig normal, dass der Spiegel schwankt, wenn wir beispielsweise essen oder uns bewegen. Gesunde können nach einer Mahlzeit auch Werte haben, die 140 oder sogar 170 mg/dl erreichen. Unter guten Voraussetzungen reguliert der Körper das selbst. Ein Cookie zwischendurch macht sich dann kaum bemerkbar, denn verschiedene Mechanismen schützen davor. Selbst bei vereinzelten Peaks muss man nicht gleich in Panik geraten. Entscheidend ist, wie der Körper mit dem Anstieg umgeht und wie lange er braucht, um den Wert wieder in den Normalbereich abzusenken. Die sogenannte Glukosehomöostase, also die Fähigkeit des Körpers, einen gesunden Zuckerspiegel im Blut intern zu regeln, ist wichtig für unsere Gesundheit.

Man spricht dann auch von einer guten Glukosetoleranz. Wie gut diese bei dir ist, das kannst du mithilfe unseres Checks testen (siehe Seite 28). Gerät dieser Prozess durch eine ungesunde Lebensweise aus dem Gleichgewicht, tanzt der Blutzucker nach dem Essen sozusagen aus der Reihe. Die Stabilität gerät aus der Balance. Ständige Blutzuckerpeaks können – anders als gelegentliche – auf Dauer Schaden anrichten und die körperliche ebenso wie die mentale Gesundheit gefährden.

SO FUNKTIONIERT DAS FEINTUNING

Sobald der Blutzuckerspiegel von den optimalen Werten abweicht, schüttet die Bauchspeicheldrüse Hormone aus. Die ersten Signale dafür kommen aus dem Dünndarm, der dann Inkretine ausschüttet. Sie melden der Bauchspeicheldrüse, dass Zucker im Anmarsch ist, von dem aus die Glukosemoleküle ins Blut gelangen und den Zuckerspiegel steigen lassen. Wie ein Thermostat kann die Bauchspeicheldrüse ein sehr genaues Feintuning betreiben. Ist zu viel Glukose im Blut, senkt sie den Wert mit Insulin. Vom Blut aus geht der Zucker weiter in Richtung Zielorgane, an denen Insulin wie ein Türöffner wirkt. Das Hormon schleust die überschüssige Glukose in die Körperzellen. Je effektiver das abläuft, desto besser ist es für die Gefäße und die Gesundheit allgemein. Der größte Abnehmer und Speicherplatz ist die Muskulatur, aber auch die Leber nimmt Zucker auf. Beide bilden daraus das Speicherkohlenhydrat Glykogen. Die Glykogenspeicher stehen dem Körper bei Bedarf als Energiequelle zur Verfügung. Davon profitieren unter anderem Sportler, die mit gut gefüllten Speichern mehr leisten können. Wenn der Zuckerspiegel zu niedrig ist, wird Glukagon ausgeschüttet. Das ist der Gegenspieler des Insulins. Glukagon bringt die Leber dazu, das gespeicherte Glykogen wieder in Glukose aufzuspalten und ins Blut abzugeben.

Gleichgültig, ob der Zuckerspiegel zu hoch oder zu niedrig ist – sobald die Werte wieder im normalen Bereich liegen, fährt die Bauchspeicheldrüse die Hormonproduktion wieder herunter. Solange wir gesund sind, regelt sich der Blutzucker mit seinem ausgeklügelten System von allein. Ist das komplexe System an einer Stelle gestört, gerät es aus dem Gleichgewicht. Das kann fatale Folgen haben.

WENN DIE ZELLEN TAUB WERDEN

Je häufiger die Blutzuckerfluktuationen nach dem Essen auftreten und je häufiger wir aus der „Range" fallen, desto größer ist die Gefahr, dass die Gefäße angegriffen und geschädigt werden und hormonelle Störungen auftreten. Kommt ständig zu viel Zucker angeflutet, versucht die Bauchspeicheldrüse erst einmal, mehr Insulin zu produzieren, denn sie kann den Bedarf ja sehr genau anpassen. Das geht eine Zeit lang gut. Die Zuckerwerte zeigen keine Auffälligkeiten. Niemand merkt, dass das Organ sich immer mehr anstrengen muss, um den dauerhaft hohen Bedarf zu decken. Es kann dabei auch überreagieren und den Blutzucker sogar unter den Ausgangswert senken, was viele als „Unterzuckerung" beschreiben, die oft mit Heißhunger, Müdigkeit und Schwäche einhergeht. Bei regelrechten Zuckerschwemmen stumpfen die Zellen mit der Zeit ab und reagieren immer schlechter auf Insulin. Diesen Zustand nennt man Insulinresistenz. Irgendwann sind die insulinproduzierenden Zellen in der Bauchspeicheldrüse so erschöpft, dass sie die Insulinproduktion herunterfahren oder schlimmstenfalls ganz einstellen. Zu diesem Zeitpunkt ist die Diagnose Diabetes Typ 2 eindeutig, für die Betroffenen aber oft überraschend. Denn hohe Blutzuckerwerte tun nicht weh. Sie verursachen weder Schmerzen noch Brennen. Ohne Messgeräte können wir sie nicht bemerken. Während wir etwa unser Gewicht auf der Waage regelmäßig kontrollieren können, fehlt eine solche routinemäßige Möglichkeit beim Blutzucker.

So vergehen oft viele Jahre, in denen Gefäße und Organe langsam, aber sicher geschädigt werden. Es kommt vermehrt zu Entzündungen im Körper, Heißhunger und Leistungstiefs machen einem zu schaffen. Hohe Blutzuckerwerte triggern hohe Insulinspiegel, die chronisch werden und langfristig typische Zivilisationskrankheiten verursachen. Dazu zählen neben Diabetes Typ 2 auch eine nicht alkoholische Fettleber (von der hierzulande mittlerweile jeder dritte Erwachsene betroffen ist), Alzheimer, Schlaganfall, Herzinfarkt und Krebs. Meist reagieren wir leider erst, wenn Ärztin oder Arzt beim Check-up erhöhte Werte feststellen.

AUCH GESUNDE KÖNNEN GLUKOSESTRESS HABEN

Mittlerweile liegen viele Erfahrungsberichte von vermeintlich gesunden Menschen vor, die mit ihrem Messgerät festgestellt haben, dass der Blutzucker bei ihnen häufiger als normal ausschlägt, obwohl es keinerlei Anzeichen dafür gibt. Diese Beobachtung konnte auch durch eine größere Studie untermauert werden. 448 Gesunde und 192 Typ-2-Diabetiker wurden angehalten, mittels CGM ihren Blutzuckerspiegel über 10 Tage zu messen. Die Wissenschaftler fanden dabei heraus, dass 15 Prozent der als gesund bezeichneten Teilnehmer Blutzuckerausschläge zeigten, die in den diabetischen Bereich reichten. Das Glukosefeintuning klappt also auch bei Gesunden nicht immer von allein. Es gibt sogar Fälle, in denen die Ergebnisse von Routineuntersuchungen beim Nüchtern- und Langzeitzucker in der Arztpraxis keine Auffälligkeiten zeigten, also im Normalbereich lagen, das „Arm-Ufo“ aber sehr wohl reagierte. Die berechtigte Frage, die man sich stellen muss, lautet: Waren die Probanden wirklich stoffwechselgesund? Vermutlich nicht. Das zeigt einmal mehr, dass viele Menschen einen gestörten Zuckerstoffwechsel haben, ohne dass sie etwas davon wissen.

UNSERE BLUTZUCKERWERTE: ALLES IM GRÜNEN BEREICH?

Die Konzentration der Glukose im Blut wird entweder in Milligramm pro Deziliter (mg/dl) oder in Millimol pro Liter (mmol/l) angegeben.

✦ Sind wir rundum stoffwechselgesund, liegt der Blutzuckerspiegel nach acht bis zehn Stunden ohne Nahrung (das ist in der Regel morgens) knapp unter 100 mg/dl beziehungsweise 5,6 mmol/l. Dieser Wert ist der sogenannte Nüchternblutzucker.

✦ Bis etwa zwei Stunden nach einer Mahlzeit steigt der Spiegel in der Regel auf einen höheren Wert unter 140 mg/dl (7,8 mmol/l).

✦ Der sogenannte Prä-Diabetes, die Vorstufe eines Diabetes, liegt vor, wenn der Blutzucker nüchtern zwischen 100 mg/dl (5,6 mmol/l) und 125 mg/dl (6,9 mmol/l) liegt und nachdem man gegessen hat, auf 140 bis 199 mg/dl (7,8 bis 11 mmol/l) steigt.

✦ Ab einem nüchternen Wert von 126 mg/dl (7,9 mmol/l) und mehr sprechen Ärztinnen und Ärzte von Diabetes. Bei Diabetikern steigt der Spiegel nach einer Mahlzeit auf mehr als 200 mg/dl (11,1 mmol/l).

✦ Dazu kommt der sogenannte HbA1c-Wert, mit dem der Langzeitblutzucker bestimmt wird. Beträgt dieses „Blutzuckergedächtnis“ mehr als 6,5 Prozent, wird Diabetes diagnostiziert. Der Bereich Prä-Diabetes liegt zwischen 5,7 und 6,5 Prozent. Bei Gesunden bewegt sich der Langzeitwert dagegen zwischen 4,5 und 5,7 Prozent.

WAS DEIN LEBENSSTIL MIT DEINEM ZUCKER ZU TUN HAT

Viel Junkfood, wenig Bewegung und immer unter Strom: Viele unserer Gewohnheiten stören die Glukosesteuerung, weil sie nicht artgerecht sind. Zum Glück kannst du gegensteuern, indem du dein Risiko rechtzeitig erkennst, deinen Lebensstil änderst und dich an die Regeln dieses Buches hältst.

Betrachten wir einmal einen ganz normalen Tag im Leben eines modernen Menschen, wie wir ihn alle kennen. Morgens geht's früh aus dem Bett. Zuerst wird das Smartphone gecheckt. Wichtige Nachrichten haben Priorität und werden gleich beantwortet. Dank Homeoffice muss man keinen Weg mehr bewältigen. Warum also vor der Arbeit noch bewegen? Weiter geht's im Schlafanzug an den Computer. Das Frühstück fällt erst einmal aus. Die Tasse mit gesüßtem Instant-Cappuccino kommt mit an den Bildschirm. Irgendwann am späten Vormittag meldet sich dann der Hunger. Ein Croissant ist schnell zur Hand. Und wenn das nicht reicht, kommt ein Snack nach dem anderen ins Spiel. Mittags fehlt die Zeit zum Kochen, ein belegtes Brötchen oder eine Tiefkühlpizza hilft durchzuhalten – bis zum Kuchen am Nachmittag oder zum Käsebrot am Abend. Danach reicht die Restenergie noch für die Lieblingsserie mit Chips und einem Feierabendbier. Mindestens sieben Stunden Sitzen unter Dauerstress, Kunstlicht, kaum Bewegung, zwischendurch immer wieder etwas Schnelles essen – all diese Faktoren beeinflussen den Zuckerstoffwechsel negativ. Ein solcher Lebensstil kann die Glukoseregulation an verschiedenen Stellen stören. Die Folgen sind dramatisch: Kein Wunder, dass es mittlerweile in Deutschland etwa 20 Millionen Prä-Diabetiker gibt und jeder Zehnte bereits Typ-2-Diabetiker ist. Es trifft nicht nur Ältere. Selbst junge und schlanke Menschen leiden immer häufiger an der Zuckerkrankheit.

WIR LEBEN OFT ALLES ANDERE ALS ARTGERECHT

Wir haben uns längst weit von dem entfernt, was eigentlich artgerecht für uns wäre. Natürliche, unverarbeitete Nahrung, zwischendurch mal fasten oder zumindest längere Esspausen machen, jagen gehen, uns körperlich anstrengen, ausdauernd laufen, die Muskeln betätigen und danach relaxen oder tief schlafen – all das findet kaum noch statt. Die Folgen für die Gesundheit sind fatal. Das Risiko für Übergewicht, Fettstoffwechselstörungen, Diabetes, Demenz, Bluthochdruck, Arteriosklerose, Herz-Kreislauf-Erkrankungen und Krebs steigt. Auf lange Sicht altern wir schneller und sterben früher. In der Gegenwart fühlen wir uns häufiger müde und antriebslos, weil wir überwiegend im sogenannten postprandialen Zustand leben. Also so, wie es eigentlich nur direkt nach dem Essen sein sollte. Nach einer großen Mahlzeit ist eine gewisse Müdigkeit nichts Ungewöhnliches. Doch dass ein regelrechtes Nahrungsmittelkoma mit langer Schläfrigkeit, Übelkeit, Blähungen, Motivationsmangel, Konzentrationsstörungen, Schwindel und Reizbarkeit auftritt, ist nicht normal. Es ist eine von vielen Folgen der kalorischen Dauerbetankung, die langfristig Übergewicht, Insulinresistenz und andere chronische Krankheiten fördert. Unser Lebensstil macht die Sache häufig noch schlimmer. Technischer Fortschritt und körperlicher Stillstand liefern dem Körper zahlreiche „Häppchen", um die Zuckerkonzentration im Blut zu erhöhen.

Vielfältige Ursachen: vom Alter bis zum Ess-Timing

✦ DAS ALTER

Jüngere Menschen haben im Durchschnitt einen Blutzucker von 98/99 mg/dl. Bei Älteren ab sechzig liegt er etwas höher bei 104 mg/dl, denn die Wirkung des Insulins auf die Zellen nimmt altersbedingt ab. Nicht umsonst wurde die Zuckerkrankheit früher Altersdiabetes genannt.

✦ BEWEGUNGSMANGEL

Bewegungsmangel zählt zu den Hauptursachen für erhöhte Zuckerwerte im Blut. Das liegt unter anderem daran, dass die Insulinwirkung am Muskel gestört wird, wenn wir nicht regelmäßig in Schwung kommen. Der Körper braucht dann mehr Insulin, um die Glukose aus dem Blut in die Zellen zu schleusen und zu verbrennen. Bewegung entlastet die Bauchspeicheldrüse, hält schlank, stimuliert das Herz-Kreislauf-System, normalisiert eventuell erhöhte Blutfettwerte und nutzt auf diese Weise allen Organen. Mit Sport und Alltagsaktivitäten kann jeder vorbeugen.

✦ ÜBERGEWICHT UND BAUCHFETT

Im Durchschnitt bringen etwa 60 Prozent aller Erwachsenen in Europa zu viel auf die Waage. Und selbst 20 Prozent der Normalgewichtigen haben einen gestörten Zuckerstoffwechsel. Die Wahrscheinlichkeit für eine Insulinresistenz steigt mit einer bauchbetonten Fettleibigkeit. Davon merken wir allerdings häufig lange nichts. Grundsätzlich brauchen Menschen, je nach Gewicht, unterschiedliche Mengen an Insulin. Bei starkem Übergewicht muss man drei- bis viermal mehr Insulin produzieren als bei normalem Gewicht. So kann es in der Kurve erst einmal gar nicht auffallen, wie der Körper kämpft, um die Werte in der Balance zu halten. Die Kurve bleibt noch flach, nach außen sieht alles gut aus.

✦ SCHLAFMANGEL

Unser Schlaf hat einen großen Einfluss auf den Blutzuckerspiegel. Wer schlecht schläft und abends nicht zur Ruhe kommt, kann Stresshormone nicht richtig abbauen und erzeugt süßes Blut. Bereits wenige Nächte ohne Schlaf haben einen Einfluss auf die Zuckerkonzentration und vermindern die Glukosetoleranz.

✦ RAUCHEN

Studien zufolge erhöht Rauchen das Risiko, an Diabetes Typ 2 zu erkranken, um das Doppelte. Nikotin beeinflusst den Blutzuckerspiegel über mehrere Mechanismen. Ein Grund könnte sein, dass Bestandteile des Tabakrauchs die Insulinwirksamkeit stören. Auch die Gefahr für Folgeerkrankungen und Gefäßschädigungen ist bei Raucherinnen und Rauchern erhöht.

✦ GENE

Vererbung ist eine von vielen möglichen Ursachen für ungesunde Blutzuckerwerte. Wenn ein Elternteil Diabetes Typ 2 hatte, ist die Wahrscheinlichkeit, dass man ihn auch selbst bekommt, um das 1,7-Fache erhöht. Sind Mutter und Vater betroffen, steigt das Risiko noch weiter. Es ist dann dreimal größer als bei Menschen mit gesunden Eltern. Allein aus Vererbung entsteht die Zuckerkrankheit allerdings nicht. Sie entwickelt sich in der Regel, wenn schlechte Ernährung, zu wenig Bewegung und Übergewicht dazukommen.

✦ MIKROBIOM

Eine gesunde Darmflora (Mikrobiom) ist ebenfalls am Zuckerstoffwechsel beteiligt. In Studien zeigte sich, dass die Vielfalt der Bakterienstämme bei Menschen mit Typ-2-Diabetes schon lange vor Ausbruch der Krankheit abnimmt. Das Verhältnis von guten zu schlechten Bakterien verschiebt sich dann über Monate und Jahre in Richtung der schlechten.

✦ CHRONISCHE ÜBERERNÄHRUNG

Oft merken wir gar nicht, dass wir ständig essen, und nehmen das Snacken nicht als Gewohnheit wahr. Studien haben gezeigt, dass wir mehr Zeit essend als fastend verbringen. Zwischen dem ersten und dem letzten Bissen am Tag liegen etwa 15 Stunden. In dieser Zeit vertilgen wir drei Hauptmahlzeiten und mindestens zwei Snacks. Dadurch befinden wir uns einen Großteil des Tages in sogenannten postprandialen Phasen, also in Zeiten nach dem Essen. Die Folgen liegen nahe: Überessen, Übergewicht, Entzündungsreaktionen, oxidativer Stress – und das Insulin verliert zunehmend seine Wirksamkeit. Das schadet unter anderem der Zellgesundheit, lässt uns früher altern und führt zu weiteren Wohlstandskrankheiten.

✦ FERTIGGERICHTE

Sie sind praktisch, erfordern wenig Organisation und stehen schnell auf dem Tisch. Wer keine Lust zum Selberkochen hat, greift gerne zu Fertigprodukten. Dagegen ist im Ausnahmefall nichts einzuwenden, allerdings wird es viel zu schnell zur schlechten Gewohnheit. Über 45 Prozent unserer Nahrung bestehen mittlerweile aus hochverarbeiteten Fertiggerichten. Je intensiver kohlenhydrathaltige Lebensmittel verarbeitet werden, desto schneller bringen sie Glukose ins Blut.

✦ MUSKELMANGEL

Unser Alltag verlangt kaum noch Muskelkraft. Kein Wunder also, dass viele Menschen kaum „Muckis“ haben. Dabei gilt: Alles, was uns stark macht, verbessert auch die Insulinempfindlichkeit. Auch Normalgewichtige können einen Muskelmangel haben. Wer seine Muskulatur aufbaut und erhält, kann den Zuckerstoffwechsel gezielt verbessern.

✦ ZU LANGES SITZEN

Im Durchschnitt sitzen wir viel zu viel und viel zu lange – nämlich 8,5 Stunden am Tag. Das wirkt sich ungünstig auf die Glukosetoleranz aus. Dabei macht es einen großen Unterschied, ob man ununterbrochen auf einem Stuhl hockt oder zwischendurch mal aufsteht. Es gilt: je stärker eine Insulinresistenz, desto schlimmer ist langes Sitzen.

✦ GEWICHTSZUNAHME

Wer ein normales Gewicht hat und dann in kurzer Zeit drei bis fünf Kilo zunimmt, erhöht das Risiko für Probleme mit dem Zucker. Im Rahmen einer Studie nahmen Probanden absichtlich so lange zu, bis ihr Body-Mass-Index um zwei Punkte stieg. Die Basiskonzentration von Insulin, Glukose und C-Peptid (einem Nebenprodukt der Insulinbildung) war danach deutlich erhöht.

✦ SCHLECHTES TIMING

Bei einer „blutzuckergesunden“ Ernährung geht es nicht nur darum, was wir essen, sondern auch darum, wann wir das tun. Es kann zum Beispiel sein, dass die gleiche Mahlzeit zu unterschiedlichen Zeiten auch unterschiedliche Blutzuckerwerte auslöst. Grundsätzlich gilt: Die Glukosetoleranz nimmt im Tagesverlauf ab, die Zuckerkonzentration ist also nach einer kohlenhydrathaltigen Mahlzeit abends höher als morgens. Deshalb hat ein spätes oder sogar nächtliches Abendessen (vor allem wenn es reich an Kohlenhydraten ist) einen ungünstigen Einfluss auf den Blutzuckerspiegel.

✦ MENSTRUATION

Was frau wissen muss, wenn sie ihren Blutzucker trackt: Auch der Menstruationszyklus kann sich auf die Glukosetoleranz auswirken – mit einer geringeren Insulinempfindlichkeit in der ersten Zyklushälfte. Daher kann ein und dieselbe Mahlzeit in der Follikelphase (Tag 1 bis 14) einen stärkeren Ausschlag hervorrufen als in der Lutealphase.

WIE GROSS IST DEIN RISIKO FÜR ZU VIEL ZUCKER IM BLUT?

Schon lange bevor sich erhöhte Blutzuckerwerte auf Messgeräten oder beim ärztlichen Check bemerkbar machen, richten sie im Körper Schaden an. Ob Alter, Gewicht, Stress, Bewegung oder Essverhalten – je mehr Risikofaktoren zusammenkommen, desto wahrscheinlicher ist ein unbemerkter hoher Zuckerspiegel. Mit unserem Check-up findest du heraus, ob das Glukosefeintuning bei dir noch richtig gut funktioniert.

✦ WIE ALT BIST DU?

Unter 60 Jahre **2**
Über 60 Jahre **1**

✦ DU BIST ...

... untergewichtig **3**
... normalgewichtig **4**
... leicht übergewichtig **2**
... stark übergewichtig **1**

✦ WIE GROSS IST DEIN BAUCHUMFANG?

Bei Frauen mit Normalgewicht weniger als 80, bei Männern weniger als 90 cm **2**
Bei Frauen mit Normalgewicht mehr als 80, bei Männern mehr als 90 cm **1**
Bei Frauen mit Übergewicht (BMI über 25) weniger als 84, bei Männern weniger als 94 cm **2**
Bei Frauen mit Übergewicht (BMI über 25) mehr als 84, bei Männern mehr als 94 cm **1**

✦ HATTE/HAT JEMAND IN DEINER ENGEREN FAMILIE DIABETES TYP 2?

Ja **1**
Nein **2**

✦ WIE LANGE SCHLÄFST DU TIEF UND FEST?

Weniger als 7 Stunden pro Nacht **1**
7 bis 8 Stunden pro Nacht **3**
Mehr als 8 Stunden pro Nacht **2**

✦ WIE HOCH IST DEIN STRESSLEVEL AKTUELL?

Ich bin nicht gestresst **3**
Moderat **2**
Sehr hoch **1**

✦ RAUCHST DU?

Ja **1**
Nein **2**

✦ HAST DU IM LETZTEN JAHR ZUGENOMMEN?

Ja, 1 bis 2 Kilo **3**
Ja, 2 bis 5 Kilo **2**
Ja, mehr als 5 Kilo **1**
Nein **4**

✦ WAS TRIFFT AUF DICH ZU?

Ich habe eine sportliche, muskulöse Figur 3
Ich bin eher unsportlich, mit dünnen Armen und/oder Beinen und/oder dickem Bauch 1
Ich liege irgendwo dazwischen 2

✦ WIE VIELE STUNDEN SITZT DU DURCHGEHEND AM TAG?

4 Stunden 3
4 bis 6 Stunden 2
Mehr als 6 Stunden 1

✦ WIE HÄUFIG TREIBST DU MINDESTENS EINE HALBE STUNDE AUSDAUERSPORT?

1- bis 2-mal in der Woche 2
2- bis 3-mal in der Woche 3
Mehr als 3-mal 4
Ich treibe kaum Ausdauersport 1

✦ WIE OFT MACHST DU KRAFTTRAINING?

1-mal pro Woche 2
2-mal pro Woche 3
3-mal oder mehr pro Woche 4
Ich treibe kaum Kraftsport 1

✦ WIE VIEL BEWEGST DU DICH IM ALLTAG?

Ich bewege mich viel im Alltag 2
Ich bewege mich nicht so viel im Alltag 1

✦ BIST DU EIN SPÄTESSER?

Ja, ich esse oft noch nach 21 Uhr 1
Nein, ich esse selten nach 21 Uhr 2

✦ WIE OFT ISST DU HOCHVERARBEITETE PRODUKTE, DIE ZUCKER UND/ODER STÄRKE ENTHALTEN?

Höchstens 1-mal am Tag 2
Mehrmals pro Tag 1
Seltener 3

✦ WIE OFT SNACKST DU ZWISCHENDURCH?

2-mal am Tag 2
Gar nicht 3
Mehr als 2-mal am Tag 1

✦ DEIN FAZIT

16 bis 26 Punkte: Prima, dass du dieses Buch liest und dich mit dem Thema Blutzucker beschäftigst. Deine Glukosetoleranz scheint schon auf Abwegen zu sein, was dein Risiko für Diabetes enorm erhöht. Fang möglichst sofort mit blutzuckeroptimierenden Maßnahmen an.

27 bis 38 Punkte: Dein Ergebnis liegt im mittleren Bereich. Das ist nicht schlecht, aber du schaffst bestimmt mehr. Überlege dir, wie du dich vor allem in den Bereichen verbessern kannst, in denen du nicht so gut abgeschnitten hast.

Mehr als 38 Punkte: Sehr gut, bei dir ist offenbar alles im grünen Bereich. Leider kann sich das schnell ändern. Bleib deshalb unbedingt bei deinem gesunden Lebensstil und behalte deine Blutzuckerwerte im Blick.

FÜNF SÄULEN FÜR DEINEN ERFOLG

Jetzt geht es von der Theorie in die Praxis. Wir haben unser Programm auf fünf große Säulen gebaut. Optimize your Sugar bedeutet zum einen, dass du deine Ernährung umstellst. Dabei helfen dir zahlreiche Tipps und Hacks – von der Auswahl der besten Lebensmittel über das richtige Timing bis zur blutzuckeroptimierenden Reihenfolge. Doch es ist nicht das Essen allein, das über deine Gesundheit und deine Lebensqualität bestimmt. Auch die Themen Fasten, Schlafen, der Umgang mit Stress und die Bedeutung von Bewegung solltest du nicht außer Acht lassen.

Ernährung: Was wir wann und wie essen sollten

Wenn du den Check gemacht hast und als Ergebnis herauskam, dass deine Glukosetoleranz möglicherweise schon nicht mehr optimal ist, dann macht es für dich Sinn, mit den Kohlenhydraten zu knausern. Zumindest so lange, bis du deine Glukosetoleranz durch die verschiedenen hier im Buch angesprochenen Maßnahmen wiederhergestellt hast. Bis dahin empfehlen wir dir: runter mit den leicht verdaulichen Carbs!

Eines gleich vorweg: Bitte betrachte die Tipps auf diesen Seiten nur als Orientierung. Bedenke, dass Menschen sehr unterschiedlich auf die gleiche Mahlzeit reagieren können. Die Blutzuckerantwort fällt nicht bei jedem identisch aus. Dabei spielen verschiedene Faktoren eine Rolle. Dazu gehören zum Beispiel die Gene, das Mikrobiom, das Timing, der Stresspegel oder auch die Frage, wie gut man geschlafen hat. Im Rahmen der sogenannten PREDICT-1-Studie mit Zwillingen und nicht verwandten Erwachsenen zeigte auch die Wissenschaft, dass die Stoffwechselreaktionen nach einer Mahlzeit sehr individuell sind. Deshalb unser Tipp: Verlasse dich nicht auf die Theorie, sondern teste selbst, wie du auf was reagierst.

Eine gesunde Ernährung ist eine wichtige Basis für Blutzuckerwerte im Normbereich. Denn wenn es nur darum gehen würde, flach verlaufende Kurven zu erreichen und starke Fluktuationen zu verhindern, wäre das auch auf ungesundem Weg möglich. So kommst du zum Beispiel mit Fruchtzucker, Pommes und Nuggets auf niedrige Kurven, aber gesund ist das nicht. Ich hatte selbst mal nach dem „Frühstück“ eine durchgehend niedrige Linie auf meinem Messgerät. „Wow, was hast du denn gegessen?“, wollten andere wissen. Ich konnte das Geheimnis leicht aufklären. Ich hatte nur ein Glas Champagner getrunken. Wie gesagt, flache Kurven sind auch mit schlechtem Essen möglich, aber dann natürlich nicht gesund.

Langsam oder schnell verdauliche Kohlenhydrate

Geht es um die Blutzuckeroptimierung, stehen die Kohlenhydrate im Mittelpunkt, die als Dickmacher gelten. Einerseits haben sie diesen Ruf zu Recht, andererseits muss man differenzieren. Denn Carbs sind nicht gleich Carbs. Der Körper braucht zwar keine Kohlenhydrate, um zu überleben, doch er nutzt sie als erstklassige Energielieferanten. Bekommt er zu viel davon, soll der Überschuss nicht sinnlos verpuffen. Also speichert der Organismus ihn für schlechte Zeiten in Form von Fett. Ein Pluspunkt, der das Überleben in der Steinzeit sicherte, ohne zu Übergewicht zu führen. Denn unsere Vorfahren hatten kein Essen im Überfluss. Und sie mussten sich bewegen, um an Nahrung zu kommen.

Auch heute noch gilt: Solange wir aktiv sind und uns genug bewegen, kann dieser Verarbeitungsprozess uns nicht viel anhaben. Überschüssige Energie wird beim Sport oder anderen körperlichen Aktivitäten einfach abgebaut. Selbst wer viele Kohlenhydrate isst, wird nicht automatisch dick. Während sportliche, schlanke Menschen eine Portion Nudeln gut verkraften, reagieren Bewegungsmuffel ganz anders: Bei ihnen landet die gleiche Menge im harmlosesten Fall als Fett auf Hüften, Schenkeln und Po. Im ungünstigeren Fall verfetten die Nudeln die Leber oder die Bauchhöhle.

DIE BESTEN TIPPS UND TRICKS

Du bist ein Kohlenhydrat-Junkie und möchtest nicht darauf verzichten? Dann entwaffne die Kohlenhydrate, indem du sie in ihrer Wirkung schwächst:

✦ **Verzichte auf die schnell verdaulichen Carbs**
Wir sollten uns bei der Auswahl unserer Carbs immer die Frage stellen: Basieren sie als schwer verdauliche Kohlenhydrate auf der Basis von Gemüse, Nüssen, Hülsenfrüchten und Vollkorngetreide, sofern das Korn gering verarbeitet ist? Instanthafer schießt zum Beispiel schneller ins Blut als Grütze und Brot aus Vollkornschrot ist besser als Brot aus fein vermahlenem Vollkornmehl. Oder schmecken die Kohlenhydrate als leicht verdauliche Carbs so gut, weil viel Zucker drin ist? Auf die schnell verdaulichen Kohlenhydrate kannst du im Grunde verzichten, wenn es nur so leicht wäre. Lebensmittel mit viel Zucker und weißem beziehungsweise fein gemahlenem Mehl treiben den Zuckerspiegel im Nu nach oben und lassen ihn anschließend wieder rasch absinken. Zu den schnell verdaulichen Carbs gehören unter anderem Süßigkeiten, Fertiggerichte, Fruchtsäfte, Weißbrot, weich gekochte Nudeln, gezuckerte Müslis, Frühstücksflocken, selbst die ungesüßte Marmelade, Kuchen, Kekse, Puffreis, weißer Reis, Kartoffeln und Mais. Also leider genau die Lebensmittel, die uns so richtig gut schmecken.

✦ **Meal-Timing**
Auf diesem Wissen basiert das Prinzip „Schlank im Schlaf". Man verzichtet nach 17 Uhr weitgehend auf Kohlenhydrate (Low Carb). Das heißt, dass du abends weder dein geliebtes Butterbrot noch leckere frisch gekochte Nudeln isst. So muss die Bauchspeicheldrüse keine Extraportion Insulin produzieren. Der Blutzuckerspiegel bleibt im Gleichgewicht und die Fettverbrennung kann über Nacht auf Hochtouren laufen.

✶ Meide üppiges und spätes Abendessen. Wenn du Kohlenhydrate essen möchtest, dann lieber zum Frühstück, denn die Glukosetoleranz nimmt bei Gesunden im Tagesverlauf ab. Also lieber morgens ein Marmeladenbrot als abends Chips.

✶ Das Frühstück ist die wichtigste Mahlzeit. Nach dem Schlafen reagiert der Körper besonders empfindlich auf Glukose. Die erste Mahlzeit des Tages hat deshalb großen Einfluss. Kommt es gleich zum Start in den Tag zu Glukosespitzen, beginnt die Achterbahnfahrt schon früh. Sie wirkt wie ein Verstärker auf die innere Uhr und signalisiert der Bauchspeicheldrüse: „Bereite dich vor, da kommen Kohlenhydrate, mach dich an die Arbeit." Studien haben zudem gezeigt, dass das Frühstück die Blutzuckerreaktion der Folgemahlzeiten verbessert.

✦ **Die richtige Reihenfolge**
Achte bei allen Mahlzeiten auf die richtige Reihenfolge: erst Salat und Gemüse, dann Fett, dann Eiweiß. Süßes gönnst du dir am besten als Dessert. Das hat noch einen weiteren Vorteil: Nach dem Essen bist du satt und kannst daher leichter mit dem Naschen aufhören.

✦ **Nur in Begleitung**
Carbs mit Ballaststoffen, mehr Gemüse als Nudeln, Fett vor Kohlenhydraten: Nutze diese Hacks, und du bist auf der sicheren Seite.

✶ Setze auf den Kombinationstrick: Lass die Kohlenhydrate nicht allein. Um den Blutzuckerspiegel niedrig zu halten, kombinierst du Carbs mit Eiweiß, Ballaststoffen und gesunden Fetten.

✶ Achte darauf, dass mehr Gemüse als Nudeln auf dem Teller ist. Hochverarbeitete Kohlenhydrate solltest du prinzipiell so weit wie möglich meiden. Klappt das nicht, kannst du die aufgenommene Glukose entschärfen, indem du sie mit Gemüse

MIT EIWEISS STARK IN DEN TAG

Wie wichtig vor allem Eiweiß am Morgen ist, konnte der US-amerikanische Kinderarzt und Ernährungswissenschaftler David Ludwig von der Harvard Medical School bestätigen, als er übergewichtige Kinder drei Frühstücksvarianten mit exakt der gleichen Kalorienzahl essen ließ: Haferbrei, sogenannte Steel Cuts (eine Art kleinere Haferflocken) und Omelett. Der Haferbrei führte nicht nur zu höheren Werten in Sachen Insulin, sondern brachte die Kinder auch dazu, 81 Prozent mehr Kalorien zu essen. Die Steel-Cuts-Gruppe vertilgte immer noch 50 Prozent mehr als die Omelett-Gruppe. Nicht schwer auszumalen, was Muffins, Bagels, Pfannkuchen, French Toast oder süße Säfte auf dem Frühstückstisch anrichten. Merke: Die erste Mahlzeit des Tages sollte deshalb immer Eiweiß enthalten.

(Ballaststoffe), Eiern, Fisch, Naturjoghurt oder Fleisch (Eiweiß) oder Fett (Avocados, Nüsse, Kerne, Samen) zusammenbringst.

✶ Wenn du Fett vor den Kohlenhydraten isst, verzögert sich die Magenentleerung ein bisschen. Mit Eiweiß hat der Magen erst einmal viel zu tun. Da eignen sich beispielsweise 50 Gramm Parmesan oder ein Ei vorweg. Molkenprotein vor einer kohlenhydratreichen Mahlzeit verzögert ebenfalls die Magenentleerung und der Blutzuckerspiegel profitiert davon. Eiweiß ist ohnehin ein guter Partner für Kohlenhydrate.

✦ Preloading

Nutze den Preloading-Trick. Damit ist gemeint, dass du vor dem carbhaltigen Essen Gemüse oder Salat zu dir nimmst. So hast du bereits wichtige Nähr- und Ballaststoffe aufgenommen, bevor die eigentliche Mahlzeit beginnt, und der Zuckerspiegel steigt nicht so stark an. Das kann zum Ritual werden, wenn du genug Zeit hast, Gurken, Paprika, Tomaten und Co. zu schneiden und mit einem selbst gemachten Dressing aus Essig und Öl als Salat zuzubereiten. Du musst dir keine Sorgen machen, dass du dir mit viel Salat vorab den nötigen Appetit auf die „richtige" Mahlzeit verdirbst. Die grüne Vorspeise darf ruhig üppig sein, denn dann kommst du danach mit weniger Carbs aus. Ist die Zeit knapp, geht's auch mit rohem oder vorgekochtem unverarbeitetem Gemüse.

✦ Drosseltrick

Mit Essig kannst du vor- und nachsorgen, das ist praktisch. Denn wenn du weißt, dass sich der nächste Snack in Form von Schokoladentorte nicht vermeiden lässt, trinkst du ein paar Minuten vor dem Schmaus schluckweise ein großes Glas Wasser mit einem Esslöffel Essig. Das hält die Zuckerkurve flach, reduziert Heißhungerattacken und kurbelt die Fettverbrennung an. Welche Essigsorte du nimmst, hängt von deinem Geschmack ab. Am beliebtesten ist Apfelessig. Die Wirkung ist aber bei den meisten Sorten gleich. Auch nach dem Essen ist es noch nicht zu spät zum Kompensieren mit Essig. Zwei Esslöffel Apfelessig nach einer kohlenhydratreichen Mahlzeit verhindern Blutzuckerspitzen. Eine US-Studie konnte zeigen, dass zwei Teelöffel Apfelessig mit einem kleinen Stück Käse vor dem Schlafengehen den Nüchternblutzucker am Morgen um 5 mg/dl senken können. Es muss aber auch nicht immer Essig sein. Ein Glas Wasser mit ausgepresster Zitrone ist ebenfalls hilfreich und nebenbei auch eine prima Erfrischung.

✶ Wichtig: Da Säure zu Magenproblemen führen kann, solltest du den Drosseltrick nicht mehrmals am Tag anwenden. Wenn du bereits Magenprobleme hast, solltest du besser ganz darauf verzichten.

Im Rahmen einer japanischen Studie aßen Probanden die gleichen Testmahlzeiten mal schnell (sie verzehrten ein Essen in 10 Minuten) und mal langsam (20 Minuten). Die Glukosekurve war beim eiligen Essen signifikant höher als beim langsamen. Auf lange Sicht bleibt das nicht ohne Folgen: Forschende der Hiroshima-Universität beobachteten Schnell-, Normal- und Langsam-Esser über fünf Jahre. Nach dieser Zeit hatten knapp 12 Prozent der schnellen Esser das metabolische Syndrom. Sie litten am meisten unter Übergewicht und hohen Blutzuckerwerten. Die Teilnehmer, die in normalem Tempo aßen, hatten nur halb so oft gesundheitliche Probleme; bei den Langsam-Essern lag die Quote nur bei zwei Prozent.

✦ Ohne Brotkorb, bitte

Häufig wird im Restaurant vorm Essen Brot gereicht, das den Blutzuckerspiegel unnötig in die Höhe treibt. Lass den Brotkorb stehen und starte besser mit einem Salat mit Essig-Öl-Dressing.

✦ Abkühlen lassen

Du bist ein echter Pastafan? Oder du hast das Gefühl, dass es dir mit wenig Carbs einfach nicht so gut geht? Das ist kein Weltuntergang, denn du kannst die kulinarischen Genüsse mit der sogenannten resistenten Stärke kompensieren. Dafür wird ein Teil der Kohlenhydrate in Ballaststoffe mit dem Namen resistente Stärke umgewandelt. Die passieren dann unverdaut den Darm und sorgen dafür, dass der Glukosespiegel nicht so stark ansteigt. Dafür lässt du Nudeln, Reis und Kartoffeln einfach nach dem Kochen abkühlen und verarbeitest sie erst am nächsten Tag weiter. Beim Abkühlen verändert Stärke ihre chemische Struktur. Du kannst die Nudeln oder Kartoffeln dann 12 bis 24 Stunden später kalt (etwa im Salat) essen oder wieder aufwärmen. Davon profitieren übrigens auch die Darmbakterien.

✦ Runter vom Gas: Iss langsam

Gehörst du zu den typischen Schnell-Essern? Dann tritt auf die Bremse. Denn auch dein Esstempo kann zur Blutzuckeroptimierung beitragen.

LEICHTER ABNEHMEN

Vielen fällt das Abnehmen leichter, wenn sie ihren Blutzuckerspiegel kennen. Das war bei mir nicht anders. Seit ich meine Werte eine Zeit lang getrackt habe, treffe ich gesündere Entscheidungen. Das liegt unter anderem daran, dass mich die Mahlzeiten, die ich auswähle, um meine Blutzuckerkurve stabil zu halten, satter machen. Ich esse bewusster, habe weniger Appetit und seltener Heißhungerattacken. Und das Beste: Ich muss nicht hungern, um abzunehmen. Im Gegenteil, ich konnte mich immer mit leckeren Mahlzeiten satt essen und verlor trotzdem drei Kilo, die mich störten und die ich mit diesem Ernährungskonzept bis heute auch nicht wieder zugenommen habe.

DER SECOND MEAL EFFECT

Bei der Blutzuckeroptimierung geht es nicht nur um die Wirkung einer einzelnen Mahlzeit. Verschiedene Lebensmittel lassen den Spiegel unterschiedlich schnell und unterschiedlich stark ansteigen. Das weißt du ja bereits. Mit dem sogenannten Second Meal Effect, also dem Effekt einer zweiten Mahlzeit, kannst du von der Wirkung einer gesunden Mahlzeit nicht nur kurzfristig profitieren. Das vorangegangene Essen beeinflusst nämlich auch das nachfolgende. So kann eine ballaststoffreiche erste Mahlzeit den Blutzuckerspiegel nach der zweiten ebenfalls stabilisieren. Die Kombination von Kohlenhydraten mit Eiweiß oder gesundem Fett verstärkt die Wirkung der zweiten Mahlzeit noch einmal – ebenso die Zusammensetzung der Darmbakterien, die sich nach dem Essen verändern. So konnten Forschende im Rahmen einer Studie beobachten, dass der Second Meal Effect bei Diabetikern zu einem um 70 Prozent geringeren Anstieg des Blutzuckerspiegels führt. Optimiere also ruhig deinen Zuckerspiegel noch weiter, indem du möglichst oft blutzuckerfreundliche Mahlzeiten zu dir nimmst.

GOOD NEWS FOR PASTAFANS

Du bist Pastafan? Dann haben wir hier eine gute Nachricht für dich: Nudeln schneiden in Sachen Blutzuckerwirkung meistens besser ab als andere Getreideprodukte, die aus den gleichen Rohstoffen hergestellt werden – wie zum Beispiel Brot oder Couscous. Das liegt daran, dass die Teigwaren mehr langsam verdauliche und resistente Stärke enthalten, wie italienische Forschende der Universität Parma herausfanden. Das Fazit der Wissenschaftler: „Unsere Ergebnisse untermauern das Konzept, dass Nudeln eine gute Quelle für langsam verdauliche Stärke sind, was sie für die Kontrolle des Blutzuckerspiegels nützlich macht." Übrigens: Auf glutenfreie Pasta umzusteigen, ist zur Blutzuckeroptimierung keine gute Idee. Nur Menschen mit Zöliakie sollten diese Nudeln essen. Denn bei Gesunden erhöhen sie den Blutzuckerspiegel im Vergleich zu herkömmlichen Weizennudeln stärker.

DIE FOOD-MATRIX

Ob Tiefkühlpizza, Fast Food, Fertigkuchen, Dosenravioli, Chips oder vermeintlich gesunder Fruchtjoghurt – industriell verarbeitete Lebensmittel können den Körper verändern. Das gilt unter anderem für das Gewicht, für den Stoffwechsel, für die Frage, ob man Heißhunger bekommt oder nicht, für Alterungsprozesse und für chronische Krankheiten. Hochverarbeitete Produkte treiben den Blutzucker stärker in die Höhe als natürliche Lebensmittel und beeinflussen mit ihren Farbstoffen, Aromen, industriell hergestellten Transfetten, Geschmacksverstärkern oder künstlichen Süßstoffen unsere Gesundheit. Sie können regelrecht krank machen, da sie das Entzündungsrisiko erhöhen, Diabetes fördern, das Mikrobiom verändern und das Immunsystem schwächen. Zusätzlich sind sie Energieräuber und beeinträchtigen die geistige ebenso wie die körperliche Leistungsfähigkeit. Es ist dabei die Food-Matrix eines Lebensmittels, die den Blutzucker beeinflusst. Forschende fanden zum Beispiel heraus, dass die Insulinreaktion nach dem Verzehr von Getreideprodukten durch die Form und die pflanzliche Struktur bestimmt wird und nicht durch die Art des Produkts oder durch die Menge der Ballaststoffe. Also, iss vor allem unverarbeitete natürliche Lebensmittel und lass das „Fertigfutter" links liegen oder gönn es dir nur im Ausnahmefall beziehungsweise mit entsprechenden Kompensationsmaßnahmen.

VORSICHT: GETRÄNKEFALLE

Beim Trinken fällt es kaum auf, wenn wir viel Zucker zu uns nehmen. Getränke machen schließlich so gut wie gar nicht satt. Deshalb solltest du auch bei Flüssigem auf den Zuckergehalt achten. Hier ein Überblick:

✦ **Kaffee:** Du trinkst gerne Kaffee? Dann solltest du wissen, dass Kaffee akut zu einer verminderten Glukosetoleranz führen kann. Dieser Effekt lässt sich aber abschwächen, wenn du Milch zum Kaffee trinkst. Ebenfalls hilfreich: Genieße deinen Kaffee nicht auf nüchternen Magen, sondern trinke ihn erst nach dem Frühstück.

✦ **Softdrinks:** Meide süße Getränke, da sie meist nicht viel mehr als Zucker in flüssiger Form sind. Das gilt für Fruchtsäfte, Smoothies, Softdrinks, Nektare und Co. Und was ist, wenn sie mit Süßstoff statt mit Zucker versetzt sind? Die Wirkung auf den Blutzuckerspiegel ist dann tatsächlich besser. Ab und zu sind solche Getränke kein Problem, doch Süßstoffe in großen Mengen haben andere Nachteile. Sie können etwa das Mikrobiom verändern und darüber auch den Glukosestoffwechsel stören, wie eine Studie aus Israel zeigen konnte. Gewöhne dir am besten an, deinen Durst regelmäßig mit Wasser zu löschen und andere Getränke nur als gelegentliche Genussmittel zu betrachten.

✦ **Milch:** Kuhmilch oder eine pflanzliche Alternative? Für Pflanzendrinks gibt es viele gute Argumente, aber mit Blick auf die Blutzuckeroptimierung ist Kuhmilch nachweislich die bessere Wahl. Denn trotz ihres vergleichsweise hohen Anteils an Kohlenhydraten führt sie nur zu einem moderaten Anstieg des Blutzuckerspiegels. Anders bei den Milchalternativen auf pflanzlicher Basis: Vor allem Reis- und Mandeldrink erhöhen den Blutzucker in Relation stärker.

✦ **Alkohol:** Dass Alkohol nicht gesund ist, weißt du längst. Trotzdem möchten die meisten nicht immer darauf verzichten. Es gibt alkoholische Getränke, die den Blutzuckerspiegel stabil halten oder sogar senken. Dazu gehören Wein, Sekt und Hochprozentiges. Vorsicht ist bei Longdrinks und Cocktails geboten (wenn überhaupt, dann ohne Zuckerzusatz). Bier verursacht aufgrund seines hohen Kohlenhydratanteils immer eine Zuckerspitze. Hier sind Light-Varianten eine Alternative. Am besten trinkst du Alkohol nicht auf nüchternen Magen, sondern immer nur zu oder nach einer Mahlzeit. Einen Drink kannst du mit Knabbern abschwächen: idealerweise mit Oliven und Nüssen, vor allem Mandeln. Aber bitte nicht vergessen: Das ist kein Freibrief für Alkohol in größeren Mengen. Generell (und erst recht für alle, die einen gesunden Lebensstil bevorzugen) gilt: je weniger, desto besser. Trinke nicht mehr als 100 Gramm Alkohol pro Woche. Das ist etwa so viel wie jeden Tag ein kleines Bier oder ein achtel Liter Wein. Alkohol steigert die Insulinsensitivität und senkt den Blutzucker. Das kann auch zu einer Unterzuckerung führen und Heißhunger auslösen. Insbesondere Diabetiker müssen hier aufpassen.

IMMER GUT: EIN VERDAUUNGS-SPAZIERGANG

Komm ein bisschen in Schwung: Auch wenn es schwerfällt, lohnt sich das Aufraffen. Wenn du dich nach einer kohlenhydrathaltigen Mahlzeit bewegst, sinkt die Blutzuckerkurve. Du musst mit vollem Bauch nicht gleich Leistungssport treiben. Ein Spaziergang oder ein bisschen Hausarbeit genügen und regen die Darmtätigkeit an. 30 bis 45 Minuten nach dem Essen ist moderates Ausdauertraining oder strammes Gehen prima.

DAS ERLEICHTERT DIR DIE AUSWAHL

Lebensmittel	Zu empfehlen	Ab und zu okay	Finger weg
Brot und Backwaren	Vollkornbrot mit ganzen Kernen und/oder Nüssen	Vollkornbrot, Pumpernickel	Knäckebrot, Toastbrot, Weißbrot, Croissants
Gemüse und Gemüseprodukte	Frisches Gemüse, TK-Gemüse pur	Sehr stärkehaltiges Gemüse wie Zuckermais oder Süßkartoffeln	TK-Gemüse mit zucker- und/oder stärkehaltiger Würzmischung
Salate und Dressings	Blattsalate aller Art, Dressing auf Essig-und-Öl-Basis	Dressing mit Zucker, Honig oder anderen Süßungsmitteln, selbst gemachte Feinkostsalate wie etwa Eiersalat	Fertigdressings mit Zucker und (modifizierter) Stärke, fertige Feinkostsalate mit Zucker oder anderen Süßungsmitteln
Obst und Obstprodukte	Zuckerarme Obstsorten wie Beeren, säuerliche Äpfel, Clementinen oder Papaya, TK-Obst pur	Zuckerreichere Obstsorten wie Mango oder Ananas, Obst in Dosen im eigenen Saft	Fertige Obst-Smoothies, Trockenfrüchte, gefriergetrocknete Früchte, Obst in Dosen in gezuckertem Sirup
Milch und Milchprodukte sowie pflanzliche Alternativen	Vollmilch, griechischer Joghurt, Naturjoghurt, Quark, ungesüßte Sahne, Crème fraîche, saure Sahne, Butter, Frischkäse und Käse	Fettarme Milch, fettarmer Joghurt, Magerquark, fettreduzierter Käse, ungesüßter Reis-,Erbsen-, Mandel- oder Sojadrink	Fruchtjoghurt, Fruchtquark, leichte Sahnealternative, Haferdrink (auch ungesüßt), gesüßte vegane Milchalternativen und Milchprodukt-Alternativen
Nudeln, Reis, Kartoffeln	Nudeln aus Hülsenfrüchten	Am Vortag gekochte Nudeln, am Vortag gekochter Reis, am Vortag gekochte Kartoffeln	Frisch gekochte/r Nudeln, Reis und Kartoffeln, Instantnudeln, Instantreis, Instantkartoffelpüree, Pommes frites
Hülsenfrüchte und Hülsenfruchtprodukte	Alle Sorten in purer Form (selbst gegart oder aus der Dose), Hülsenfruchtmehl, Tofu natur, Tempeh natur	Vorgewürzter oder marinierter Tofu und Tempeh mit wenig Zucker in der Würzmischung oder Marinade	Vorgewürzter oder marinierter Tofu und Tempeh mit viel Zucker in der Würzmischung oder Marinade
Fleisch und Fisch	Fleisch und Fisch in purer Form	Verarbeitete Produkte wie Würstchen oder Wurst	Fertig mariniertes oder gewürztes Fleisch oder fertig gegarter Fisch

TSCHÜSS, ZUCKER: WIE DU MIT WENIGER AUSKOMMST

Die Lust auf Süßes ist uns angeboren und bestimmt im Zeitalter des Überflusses leider viel zu oft unser Essverhalten. Trotzdem kann es gelingen, sich mit wenig Zucker oder sogar komplett zuckerfrei zu ernähren. Es gibt verschiedene Methoden, sich den Süßgeschmack langsam abzugewöhnen.

Ob weißer Haushaltszucker, Honig, Agavendicksaft, Ahornsirup oder der vermeintlich gesündere braune Zucker – letztendlich bestehen alle diese Formen von Süße aus Glukose und Fruktose. Wir glauben gerne, dass „natürliche" Süße besser ist, doch wenn du deinem Körper etwas Gutes tun willst, solltest du nicht darauf setzen, dass die eine Sorte gut und die andere schlecht sein könnte, sondern grundsätzlich versuchen, dir den Süßgeschmack abzugewöhnen beziehungsweise das Vergnügen in Maßen zu genießen, indem du es kompensierst. Das hört sich erst einmal schwierig an. Du wirst wahrscheinlich schnell an all die Leckereien denken, die dir dann entgehen. Doch das muss nicht sein, wenn du ein paar Regeln beachtest, die beim Maßhalten helfen.

VORSICHT: FRUCHTSÄFTE ERHÖHEN DEN BLUTZUCKER

Wenn sie mit ihren knalligen Farben im Supermarktregal stehen, sehen Fruchtsäfte, Fruchtsaftgetränke und Nektare richtig gesund aus. Apfel, Banane, Orange, Grapefruit, Ananas: Es leuchtet rot, orange und gelb. Die Etiketten versprechen Vitamine, da möchte man doch gleich zugreifen. Aber Vorsicht: Der Schein trügt. Was den Kaloriengehalt betrifft, stehen die vermeintlich gesunden Getränke Softdrinks in nichts nach. Sie haben zwar beim Vitamin- und Nährstoffgehalt die Nase vorne, trotzdem solltest du sie mit Rücksicht auf den Blutzuckerspiegel und auf deine Leber meiden. Zum einen wird vielen Fruchtgetränken Zucker zugesetzt. Zum anderen enthalten die Säfte neben Glukose auch Fruktose. Die wird ohne Einsatz von Insulin verstoffwechselt. Mit der Folge, dass kein Sättigungssignal ans Gehirn gesendet wird. Wir trinken dann oft nicht nur gegen den Durst, sondern einfach, weil es süß schmeckt, viel zu viel. Um Fruktose nutzen zu können, muss sie erst einmal in der Leber verarbeitet werden. Das führt dazu, dass sich Triglyzeride bilden, also Fette, die in der Leber oder im Fettgewebe gelagert werden. Eine Studie konnte zeigen, dass Getränke, die mit Fruktose gesüßt sind, die Fettproduktion in der Leber der Probanden im Vergleich zu Getränken mit Glukose verdoppelten. Forschende sehen dies als ersten Schritt für die Entstehung einer Fettleber und Diabetes Typ 2.

SÜSSSTOFFE SIND KEINE GESUNDE ALTERNATIVE

Keine Kalorien, kein Zucker, aber lecker süß, so werden künstliche Süßstoffe gerne beworben. Das hört sich erst einmal gut an. Und so ist es naheliegend, dass vor allem die zugreifen, die ihren Zuckerkonsum reduzieren und abnehmen wollen. Tatsächlich führen Süßstoffe nur zu einer sehr geringen Insulinausschüttung. Sie haben aber andere gesundheitliche Nachteile, die sie als echte Alternative unattraktiv machen. In Tierstudien konnte nachgewiesen werden, dass einzelne Produkte das Darmmikrobiom negativ verändern und damit doch

durch die Hintertür den Zuckerstoffwechsel beeinflussen. So besteht zum Beispiel der Verdacht, dass Süßstoffe den Appetit anregen und ähnlich wie Zucker Lust auf mehr verursachen. Häufig haben kalorienfreie Produkte auch einen psychologischen Effekt. Nach dem Motto „Ich habe ja am Zucker gespart, da darf es auch ruhig ein Keks mehr sein" isst man doch mehr als sonst. Auch wenn die Zusammenhänge noch weiter erforscht werden müssen, ist es schon jetzt sinnvoller, die eigenen Ernährungsgewohnheiten zu überdenken und mit weniger Süße auszukommen.

LIEBER FRISCHES OBST ALS TROCKENFRÜCHTE

Gesunde Nahrung oder pures Zuckerzeug? An Trockenfrüchten scheiden sich die Geister. Sie schrumpfen zusammen, weil ihnen bei der Verarbeitung das Wasser entzogen wird. Dabei gehen Zucker und Kalorien nicht verloren, sondern werden komprimiert. Das heißt, dass wir in kürzerer Zeit deutlich mehr aufnehmen. Getrocknete Feigen, Datteln, Aprikosen und Co. enthalten also viel Zucker. Wenn du die Wahl zwischen frischen und getrockneten Früchten hast, entscheide dich fürs frische Obst. Oder nimm Studentenfutter, denn das enthält zusätzlich Nüsse. Natürlich spricht nichts dagegen, hin und wieder Trockenfrüchte zu essen. Sie enthalten immerhin Ballaststoffe, Vitamine und Mineralstoffe wie Kalium, Magnesium, Eisen und Kalzium und sind besser als Schokolade oder Gummibärchen. Denk aber daran, dass du sie im Grunde wie Süßigkeiten behandeln musst, also selten, nur in kleinen Mengen und besser als Dessert statt als Snack zwischendurch essen solltest.

ZU VIEL SÜSSES LANGSAM ABGEWÖHNEN

Starte ruhig mal einen Versuch, um dir Zucker möglichst ganz abzugewöhnen oder deine Mengen zumindest zu reduzieren. Auch wenn viele es erst einmal nicht glauben, ist das machbar. Verschaffe dir dafür erst einmal einen Überblick über deine Gewohnheiten. Was hast du überhaupt im Haus? Was würde passieren, wenn du es nicht mehr kaufst? Wann greifst du besonders oft zu Süßigkeiten? Dabei kann es hilfreich sein, ein digitales oder ein Papier-Tagebuch zu führen, in dem du notierst, was du wann isst. Überlege dir, was du in typischen Naschsituationen tun könntest, um nicht die Kekstüte zu verputzen.

✦ Alternativen und Überbrückungen

Erstelle eine persönliche Liste: Auf welche Süßigkeiten könntest du am leichtesten verzichten? Damit kannst du gut anfangen. Streiche sie von der Einkaufsliste und vom Speiseplan und suche nach gesünderen Alternativen. Wenn du einfach Lust hast, etwas außerhalb der Hauptmahlzeiten zu essen, können das ein paar Nüsse oder ein Stück Käse sein. Ein Naturjoghurt mit frischen Blaubeeren ersetzt den Fruchtjoghurt mit Zucker und Blaubeeraroma. Auch mit Obst lässt sich der Appetit auf Süßes stillen. Ob als Snack oder um damit anderes zu süßen: Trotz des darin enthaltenen Fruchtzuckers ist ein Apfel besser als eine Handvoll Bonbons. Geht es darum, die Zeit bis zur nächsten Mahlzeit ohne Kekse zu überbrücken, kannst du auch einen Milchkaffee trinken (der macht ein bisschen satt) oder einen Ingwertee, der appetithemmend wirkt.

✦ Schrittweise mit weniger Süße auskommen
Verbiete dir nicht von heute auf morgen jeden süßen Happen. Solche Pläne sind in der Regel zum Scheitern verurteilt, weil man sie nicht durchhält und dann frustriert das ganze Projekt aufgibt. Stattdessen kannst du schrittweise reduzieren. Wenn du zum Beispiel deinen Kaffee immer mit drei Löffeln Zucker trinkst, nimmst du in der ersten Woche nur noch zwei, in der Woche danach nur noch einen, anschließend einen halben. Nach vier Wochen geht es dann ganz ohne.

✦ Zucker steckt auch in herzhaften Gerichten
Natürlich geht es beim Zucker nicht nur um die weißen Körnchen im Kaffee und auf dem Kuchen. Zucker steckt in vielen verarbeiteten Lebensmitteln, selbst in herzhaften Gerichten wie Fertigpizza, Krautsalat, Joghurt mit Fruchtzusätzen, Müsliriegeln, Ketchup oder Grillsauce. In 80 Prozent aller verarbeiteten Lebensmittel aus dem Supermarkt findet sich Zucker. Das steht leider nicht so deutlich auf der Verpackung, denn die Hersteller nutzen einen Trick, um die wahre Zuckermenge zu verschleiern. Sie sind zwar verpflichtet, auf Inhaltsstoffe hinzuweisen, doch sie dürfen andere Namen nutzen. Da steht dann zum Beispiel Saccharose, Raffinose, Glukose, Fruktose oder Dextrose. Kurzum: Hinter schwer verständlichen Bezeichnungen, die auf -ose enden, verbirgt sich letztendlich Zucker. Auch wenn du dir nicht jedes Wort merken willst, lies die Zutatenliste und orientiere dich an der Faustregel: Je weniger Zutaten auf der Liste stehen, desto besser. Unser Tipp, wenn es ums Zuckerreduzieren geht: Bleib geduldig. Meist dauert es länger, neue Gewohnheiten zu entwickeln.

WISSENSWERTES ÜBER ZUCKER

✦ „Nimm doch einfach Honig statt Zucker. Das ist gesünder." Solche Sätze hast du bestimmt schon mal gehört. Die klebrige Süße enthält zwar ein paar Vitamine und Mineralstoffe, allerdings so wenige, dass sie für die Versorgung keine Rolle spielen. Bei Honig besteht ein Großteil aus Frucht- und Traubenzucker und anderen Zuckerarten.

✦ Weißer oder brauner Zucker – welcher ist gesünder? Häufig wird angenommen, dass der braune weniger gesundheitsschädlich ist, weil er natürlicher aussieht. Das ist jedoch ein Trugschluss, denn beide haben den gleichen Kaloriengehalt und können die Zähne schädigen. Einen Unterschied gibt es allenfalls im Geschmack. Dass die braune Variante etwas mehr Vitamine und Mineralstoffe enthält, ist richtig; es sind aber so wenig, dass man es nicht als echten Vorteil bezeichnen kann.

✦ Wie viel Kalorien hat Zucker? Weißer Zucker enthält etwa vier Kilokalorien pro Gramm. Das heißt: Bei 100 Gramm nimmst du 400 Kilokalorien auf. Zum Vergleich: 100 Gramm Butter enthalten 740 Kilokalorien, bei der gleichen Menge kommen rohe Gurken auf 15.

✦ Denk daran: Es gibt auch vieles, was nicht unbedingt süß ist oder mit weißem Haushaltszucker versehen wurde, aber trotzdem Zucker enthält. Das merkst du zum Beispiel beim Brot. Je länger du es kaust, desto süßer schmeckt es. Auch Stärke besteht aus Zucker – und zwar aus Glukose. Je „nackter" sie in einem hochverarbeiteten Lebensmittel vorkommt, desto schneller landet sie im Blut und kann Heißhunger auslösen oder müde machen.

UNSERE BESTEN TIPPS GEGEN HEISSHUNGER

Ob Süßes gegen Frust, ungesunde Snacks aus Gewohnheit oder Heißhunger nachts am Kühlschrank als Folge von Schlafmangel – jeder Mensch is(s)t anders. Deshalb wirken nicht alle Tipps bei allen gleich. Um herauszufinden, was für dich am besten ist, darfst du ruhig mehrere unserer Tricks erst einmal ausprobieren und dann die umsetzen, die dir leichtfallen.

✦ Wenn die Lust auf Süßes kommt, kannst du sie mit Kaugummi ausbremsen. Dafür nimmst du ein zuckerfreies Gummi mit starkem Minzgeschmack.

✦ Starte mit einem ausgewogenen Frühstück. Wenn das Proteine, Ballaststoffe und gesunde Fette enthält, kommst du besser durch den Tag und erlebst weniger Heißhungerattacken als nach einem süßen Frühstück.

✦ Trinke ausreichend Wasser, denn häufig verwechseln wir Durst mit Hunger und machen uns auf die Suche nach einem Snack, obwohl wir eigentlich nur Flüssigkeit brauchen.

✦ Wappne dich mit gesunden Snacks (Nüsse, zuckerarmes Obst, Rohkost, Naturjoghurt), damit du sofort eine Alternative hast, wenn Kekse und Schokolade dich anlachen.

✦ Achte auf guten Schlaf. Wenn du nachts nicht zur Ruhe kommst, wird der Hormonhaushalt gestört, was wiederum zu Heißhunger führen kann.

✦ Plane deine Mahlzeiten im Voraus. Denn wenn du erst einmal richtig hungrig bist, wird es schwer, sich zurückzuhalten.

✦ Manchmal ist nicht der Anfang, sondern das Ende das Problem. Du bist nach einer Hauptmahlzeit eigentlich satt, kannst aber nicht aufhören zu naschen? Dann putz dir die Zähne. Zum einen bremst der Minzgeschmack der Zahnpasta den Appetit, zum anderen schmeckt's danach nicht mehr so lecker.

✦ Lenk dich ab, wenn Appetit aufkommt, den du nicht gebrauchen kannst. Ein schnelles Game am Smartphone kann dich auf andere Gedanken bringen. Oder du erledigst mal eben einen Anruf, der ohnehin von der To-do-Liste muss.

✦ Achte auf genügend Eiweiß und Ballaststoffe. Die tragen dazu bei, dass du seltener heißhungrig wirst, lange satt bist und süßen Verführungen besser widerstehen kannst.

✦ Wenn du weißt, dass du dafür anfällig bist, vermeide es, aus emotionalen Gründen zu essen. Also gegen Frust, Stress oder Langeweile. Finde andere Wege, mit diesen Gefühlen umzugehen. Du kannst dich ablenken oder Entspannungstechniken lernen (siehe Seite 53).

✦ Sorge für Abwechslung auf dem Teller. Probiere ruhig mal neue Rezepte aus und experimentiere mit Gewürzen. Das schützt vor Heißhunger, der durch Langeweile ausgelöst wird. Bei unseren Rezepten wirst du bestimmt fündig (ab Seite 66).

✦ Eigentlich geht's dir eher um eine Pause als um Süßes? Dann trink eine Tasse Kaffee. Zum einen hast du damit etwas zu tun, zum anderen unterdrückt Kaffee übermäßigen Appetit.

UNSERE TOP-LEBENSMITTEL FÜR EINEN FLACHEN ZUCKERSPIEGEL

Volles Korn, viele Ballaststoffe, gesundes Fett und ausreichend Proteine – damit die Blutzuckerwerte in der Balance bleiben, helfen manche Lebensmittel ähnlich gut wie Medikamente gegen Diabetes. Hier verraten wir dir unsere Top 12, die du möglichst oft in der Küche verwenden solltest.

Grünes Blattgemüse

Ob Spinat, Grünkohl, Rucola, Salat oder Mangold, grünes Blattgemüse hat einen niedrigen glykämischen Index, also nur eine geringe Wirkung auf den Blutzucker. Außerdem ist das „Grünzeug" reich an Ballaststoffen und enthält wenig Kohlenhydrate. Etwas mehr als 100 Gramm pro Tag reduzieren das Risiko für verschiedene Zivilisationskrankheiten, zu denen auch Diabetes Typ 2 gehört, um 14 Prozent. Ob in Form von Salat oder von Kohl – setze grünes Blattgemüse am besten jeden Tag auf deinen Speiseplan.

Avocado

Vitamine, Mineralien und gesundes Fett – diese Kombination macht Avocados zu echten Wundermitteln gegen hohen Blutzucker. Avocados bestehen etwa zu einem Drittel aus Fett; ein großer Teil davon sind gesunde einfach ungesättigte Fettsäuren. Außerdem sind die Früchte eine Topquelle für Kalium und fördern die Verdauung. Am besten kaufst du sie fair gehandelt und in Bioqualität.

Olivenöl

Ungesättigte Fettsäuren und Antioxidantien aus Olivenöl schützen die Blutgefäße und verhindern Ablagerungen, die zu Herzinfarkt und Schlaganfall führen können. Enthält eine Mahlzeit das gesunde Fett, steigt der Blutzuckerspiegel danach nicht so stark an, wie er es ohne Olivenöl tun würde.

Zitrusfrüchte

Orangen, Zitronen, Grapefruits und andere Zitrusfrüchte haben einen niedrigen glykämischen Index. Im Vergleich zu anderem Obst wie Bananen oder Trauben enthalten sie weniger Kohlenhydrate und mehr Ballaststoffe, die dafür sorgen, dass die Carbs langsamer ins Blut gehen. Vitamin C, B-Vitamine und Mineralstoffe wie Kalium, Kalzium und Phosphor halten uns gesund. Grapefruits enthalten zudem den sekundären Pflanzenstoff Naringenin, der zum einen für den leicht bitteren Geschmack der Früchte sorgt, zum anderen den Blutzucker auf ähnliche Weise senkt, wie Insulin es tut.

Walnüsse

Mit 30 Gramm täglich kann der Blutzuckerspiegel im Lot bleiben und der Blutfettspiegel sinken. Denn Walnüsse enthalten mehrfach ungesättigte Fettsäuren mit einem hohen Anteil an wertvollen Omega-3-Fettsäuren und Vitamin E. Das schützt vor Diabetes und hält die Blutgefäße fit. Auch Samen und andere unbehandelte Nüsse (möglichst in Bioqualität) gehören zu den Top-Lebensmitteln für einen ausgewogenen Zuckerspiegel.

Fleisch und Geflügel

Fleisch erhöht zwar nicht den Blutzuckerspiegel, es kann aber – genauso wie Milch – durchaus den Insulinspiegel anheben, obwohl es praktisch keine Carbs enthält. Hochwertiges Eiweiß, Eisen und B-Vitamine sind wichtig für den gesamten Organismus. Proteine aus unverarbeitetem Fleisch oder Geflügel halten lange satt und verhindern Heißhungerattacken. Wir empfehlen einen moderaten Fleischkonsum ein- bis zweimal pro Woche. Für Vegetarierinnen und Vegetarier ist Tofu eine gute Alternative. Bei rotem Fleisch, also von Rind, Schwein oder Schaf, solltest du allerdings vorsichtig sein. Das gilt vor allem für die daraus hergestellten Fleisch- und Wurstwaren. Denn die stehen im Verdacht, unter anderem das Risiko für Diabetes Typ 2 zu erhöhen.

Blaubeeren

Blaubeeren sind kleine leckere Energielieferanten und enthalten weniger Fruchtzucker als andere Obstsorten. Damit lässt sich zum Beispiel Müsli auf gesunde Weise süßen. Die Beeren punkten mit Vitaminen, Mineralstoffen und Spurenelementen. Vor allem die sekundären Pflanzenstoffe Anthozyane, die den Beeren ihre blaue Farbe geben, regulieren den Blutzuckerspiegel, indem sie die Glukoseaufnahme in den Zellen verbessern.

Hülsenfrüchte

Sie liefern zum einen wichtige Aminosäuren, pflanzliches Eiweiß und komplexe Kohlenhydrate. Zum anderen machen Bohnen, Erbsen, Linsen und Co. sich mit reichlich Ballaststoffen im Kampf gegen Zuckerspitzen nützlich. Die Pflanzenfasern binden im Darm Wasser an sich, quellen auf und verbessern die Verdauung. Der Zucker aus den Kohlenhydraten geht dann langsamer ins Blut. Das Abnehmen wird leichter.

Tomaten

Sie entwässern, senken den Blutdruck, haben kaum Fett und wenig Kalorien. Vor allem das farbgebende Karotinoid Lykopin mit antioxidativer Wirkung macht Tomaten so richtig gesund. Sie verbessern die Zusammensetzung des Blutes und schützen damit die Gefäße. Ihre Säuren kurbeln die Arbeit der Bauchspeicheldrüse an. Zudem haben Tomaten eine hohe Nährstoffdichte. Sie enthalten viele Vitamine, Mineralstoffe und sekundäre Pflanzenstoffe bei wenig Kalorien.

Zwiebeln

Die Knollen gelten als das Gemüse schlechthin für Menschen mit Diabetes, denn sie können die Wirkung von Medikamenten gegen die Zuckerkrankheit verstärken. Der darin enthaltene Naturstoff Glukokinin fördert ähnlich wie Insulin den Glukosestoffwechsel in der Bauchspeicheldrüse. In Studien zeigte sich, dass die effektive Wirkung auf den Blutzucker insbesondere von rohen Zwiebeln ausgeht. Bei gekochten, gebratenen oder gedünsteten Zwiebeln blieben die Effekte aus. Die Knollen sind das ganze Jahr im Angebot und lassen sich in der Küche vielfältig und unkompliziert einsetzen.

Milchprodukte

Molkeneiweiß unterstützt die Senkung des Blutzuckers insbesondere, wenn es zu einer carbreichen Mahlzeit gegessen wird, denn Milcheiweiß regt die Bauchspeicheldrüse an, Insulin zu produzieren. Das gilt vor allem, wenn man schon eine Insulinresistenz hat. In Studien zeigte sich, dass Milchprodukte die Insulinresistenz verbessern und insbesondere fermentierte Produkte wie Joghurt das Risiko für Diabetes Typ 2 senken können. Neben Eiweiß, Fett und Kohlenhydraten enthalten sie auch wichtige Vitamine und Mineralstoffe.

GEWÜRZE

Zimt: Das uralte Naturheilmittel regt den Glukosestoffwechsel an und wirkt im Körper ähnlich wie Insulin.

Kurkuma: Die goldgelbe Wurzel kann mit ihrem antioxidativen und entzündungshemmenden Wirkstoff Kurkumin die Insulinempfindlichkeit verbessern.

Ingwer: Steigert die Glukoseaufnahme in den Muskelzellen, kurbelt den Stoffwechsel an und unterstützt das Abnehmen.

Currypulver: Verfügt über sogenannte hypoglykämische Eigenschaften, die den Körper bei der Blutzuckerregulierung unterstützen.

Knoblauch

Aus der mediterranen Küche ist die Knolle nicht wegzudenken. Sie wird schon seit Jahrhunderten in verschiedenen Kulturen im Kampf gegen Krankheiten eingesetzt. Denn Knoblauch wirkt entzündungshemmend und antibakteriell, hilft gegen Bluthochdruck und erhöhte Blutfettwerte und gehört zu den Top-Lebensmitteln in Sachen Blutzuckersenkung. Das liegt unter anderem daran, dass Knoblauch die Verdauung von Kohlenhydraten verzögert, sodass weniger Zucker gleichzeitig in den Blutkreislauf gelangt und der Zuckerspiegel stabiler bleibt. Die Knolle mit dem kräftig pikanten Geschmack stärkt außerdem die Leberfunktion, was beim Verarbeiten und Speichern von Glukose im Körper eine Rolle spielt.

DIE HEILKRAFT DES FASTENS: MACH MAL ESSPAUSEN!

Ein paar Stunden oder länger einfach mal nichts essen – das ermöglicht dem Körper Verschnauf- und Verdauungspausen. Wie lange man auf Nahrung verzichten sollte, hängt von der Fastenmethode ab, die Dauer reicht von ein paar Stunden täglich bis hin zu mehreren Tagen oder gar Wochen. Regelmäßige Esspausen sind gut für den Zuckerstoffwechsel.

Beim Wort Fasten bekommen die meisten erst einmal einen Schreck. „Waaaas? Ich soll tagelang nichts essen? Das halte ich doch nie durch." So lauten typische Reaktionen. Doch keine Sorge, um einer Insulinresistenz vorzubeugen, reicht es schon, wenn du regelmäßig ein paar Stunden nichts isst. Dadurch hat der Körper die Chance, sich vom Stress nach dem Essen zu erholen und den Insulinspiegel zu senken. Das gilt nicht nur vorbeugend. Auch für Menschen, die bereits insulinresistent sind, kann tägliches Fasten von 14 bis 18 Stunden schon Abhilfe schaffen.

INTERVALLFASTEN

Beim Intervallfasten, auch intermittierendes Fasten genannt, sind zwischendurch nur kalorienfreie Getränke wie Wasser, Tee oder Kaffee ohne Zucker oder Brühe erlaubt. Essen ist in dieser Zeit tabu. Der Nahrungsentzug auf Zeit hat einige Vorteile für den Körper, denn während der Esspausen wird der Insulinspiegel gesenkt. Die Insulinempfindlichkeit der Zellen verbessert sich. Welches Zeitfenster du zum Essen wählst, ist in Sachen Blutzucker nicht ganz unwichtig. Die besten Chancen auf gute Blutzuckerwerte hast du, wenn du zwischen 8 (jedoch nicht davor) und 18 Uhr deine Mahlzeiten einplanst. Auch das Gehirn profitiert übrigens vom Fasten mit Zeitbegrenzung, denn die Esspausen unterstützen die Bildung neuer Nervenzellen im Kopf, sodass wir besser denken können.

OHNE KALORIENZÄHLEN SCHLANKER WERDEN

Übergewicht ist kein Freund des Zuckerstoffwechsels. Deswegen gilt Abspecken als wichtige Maßnahme zur Behebung der Glukosefehlsteuerung. Strenge Diäten oder tägliches Kalorientracken sind meistens zum Scheitern verurteilt, da man solche Maßnahmen dauerhaft nicht durchhält. Anders ist es mit Intervallfasten, bei dem man ganz ohne Kalorienzählen ein paar Pfunde verlieren kann. Wer nur noch in einem Zeitfenster von 10 statt 15 Stunden Zeit hat, Mahlzeiten zu konsumieren, isst automatisch weniger. Laut Studien landen so 300 bis 500 Kilokalorien weniger in der Energiebilanz. Auf diese Weise kann der Körper die überflüssigen Fettdepots zur Energiegewinnung anzapfen. Vor allem das gefährliche Bauchfett schmilzt beim Teilzeitfasten, was sich günstig auf den Blutzucker auswirkt. Übrigens: Auch Schlanke können zu viel Fett im Bauch oder in den Organen gespeichert haben. Ihre Stoffwechselgesundheit profitiert ebenfalls von einer geringen Gewichtsabnahme durch Intervallfasten.

VIELE GESUNDHEITLICHE VORTEILE

Wer bereits an Diabetes erkrankt ist, der kommt eventuell mit weniger Medikamenten aus, wenn er in regelmäßigen Intervallen fastet. Eine Studie der Hunan Agricultural University im chinesischen Changsha zeigte, dass 90 Prozent der Probanden mit Diabetes Typ 2 bereits nach drei Monaten mit intermittierendem Fasten in Kombination mit einer gesunden Ernährung ihre Medikamente reduzieren konnten; etwas mehr als der Hälfte gelang es sogar, komplett damit aufzuhören.

Ein weiterer Vorteil: Intervallfasten kann auch entzündungshemmende Effekte haben. Je weniger entzündliche Prozesse im Körper ablaufen, desto besser ist es für die Gesundheit, die Gefäße, fürs Gewicht und auch für die Insulinempfindlichkeit. Bei vielen Menschen verbessern sich nicht nur Zucker- und Blutfettwerte, auch der Bluthochdruck nimmt ab, sobald sie ihrem Körper längere Esspausen gönnen. Selbst entzündliche Erkrankungen wie zum Beispiel Arthrose in den Gelenken können sich verbessern.

Aber Achtung: Intervallfasten hat zwar viele gesundheitliche Vorteile, ist aber trotzdem nicht für jeden geeignet. Sprich auf jeden Fall mit deiner Ärztin oder deinem Arzt, wenn du es planst. Das gilt vor allem für diejenigen, die an Diabetes Typ 1 leiden. Unter ärztlicher Aufsicht lässt sich ein individueller Fastenplan erstellen, der alle medizinischen Bedürfnisse berücksichtigt.

FÜNF TAGE SCHEINFASTEN

Das sogenannte Scheinfasten kann bei wiederholter Anwendung den Blutzucker nachhaltig senken, vor allem bei Menschen mit erhöhtem Risiko oder bereits entgleistem Zuckerstoffwechsel. Bei Gesunden wirkt Scheinfasten wie eine Gefäßpflege. Daneben hilft diese Fastenmethode, Gewicht zu verlieren, und baut effektiv Bauchfett ab. Im Gegensatz zum mehrtägigen Heil- oder Wasserfasten darf man dabei fünf Tage lang durchaus etwas essen. Natürlich nicht so viel, aber genug, um die Fastenkur gut durchzuhalten. Die spezielle Zusammensetzung dieser Diät, die rein pflanzlich ausgerichtet ist und wenig Kalorien, Eiweiß und Kohlenhydrate enthält, erkennt der Körper nicht als Nahrung. Aufgrund dieses Täuschungsmanövers schaltet er in den Fastenmodus. In diesem Zustand kann schließlich die sogenannte Autophagie starten. Das ist ein natürlicher Vorgang, bei dem sich die Zellen im Körper selbst „reinigen“. Der Organismus beseitigt und recycelt alte und defekte Zellbestandteile. Außerdem werden Stammzellen aktiviert und dadurch die Zellerneuerung gefördert. Entwickelt wurde diese besondere Art des Fastens von dem italienischen Altersforscher Prof. Dr. Valter Longo vom Longevity Institute der University of Southern California.

SCHEINFASTEN MIT EIGENEN SÜPPCHEN

Du hast Lust zu fasten, ohne auf Essen zu verzichten? Dann rate ich dir zu gelegentlichem Scheinfasten. Ich persönlich komme damit super zurecht und wende es seit meinem Buch darüber („Five Days Only“) selbst regelmäßig an. Ich habe es für mich entdeckt, nachdem ich bei meiner Mutter gesehen habe, wie sie ihre arthrosebedingten Schmerzen damit lindern konnte. An Heil- oder Wasserfasten habe ich mich nie herangewagt. Mein Respekt davor, tagelang nichts zu essen, war und ist einfach zu groß. Bewusster Nahrungsverzicht ist eine tolle Möglichkeit, die Gefäßgesundheit zu erhalten, Alterungsprozesse von innen heraus zu verlangsamen und Selbstheilungskräfte zu aktivieren. Anders als im Original nutze ich beim Scheinfasten nicht die fertigen Suppen aus der Fastenbox, sondern koche mir meine Süppchen lieber selbst.

ZUERST EINMAL DIE SNACKS WEGLASSEN

Wenn du dich (noch) nicht ans Fasten heranwagst, kannst du auch niedrigschwelliger starten. Dafür verzichtest du erst einmal auf Snacks und auch sonst auf jegliches Essen außerhalb der großen Mahlzeiten Frühstück, Mittag- und Abendessen. Wenn du das nicht gewohnt bist, musst du dich langsam umstellen. Viele Menschen essen ständig nebenbei vermeintliche Kleinigkeiten und merken kaum etwas davon. Hier ein paar Gummibärchen, da mal eben drei Kekse im Vorbeigehen, ein Glas Orangensaft zur Erfrischung, ein Stück Kuchen beim Meeting oder ein Croissant gegen den kleinen Hunger. Satt wird man bei dieser Snackwahl leider nicht. Jeder dieser Happen löst zudem eine Insulinausschüttung aus, sodass ständig zu viel im Blut schwimmt. Langfristig führt ein solches Snackverhalten dazu, dass man unbemerkt (weil man nicht wirklich satt ist) zu viele Kalorien aufnimmt. Der Energieüberschuss gepaart mit ständigen Insulinpeaks begünstigt die Fetteinlagerung, nicht nur an den Hüften, sondern auch im Bauch und in den Organen – und das ist für deinen Zucker gar nicht gut. Achte mal genau darauf, ob und wenn ja was du nebenbei so isst. Wenn du dir selbst auf die Schliche kommen möchtest, kannst du jeden Snack fotografieren und abends Bilanz ziehen. Du wirst staunen, was da alles zusammenkommt.

AUF GESUNDE KLEINIGKEITEN UMSTELLEN

Du bist überzeugt, dass du auf jeden Fall eine Kleinigkeit im Laufe des Vormittags und eine am Nachmittag brauchst? Dann stelle zumindest auf „gesund“ um, also auf ein Stück Käse, einen Naturjoghurt, ein paar Nüsse oder rohes Gemüse. Denn die klassischen Snacks in Form von süßen Riegeln, Knuspermüslis, Chips in kleinen Tüten oder Süßigkeiten enthalten viel zugesetzten Zucker und oft schädliche Transfette (vor allem in Backwaren und Frittiertem). Gleichzeitig liefern sie reichlich leere Kalorien und kaum Nährstoffe wie Vitamine, Mineralien, Ballaststoffe oder Proteine. Außerdem sind sie häufig mit Geschmacks-, Farb-, Aroma- und Konservierungsstoffen versehen, die dafür sorgen, dass wir gar nicht mehr aufhören können, und negative Auswirkungen auf die Gesundheit haben. Ist die Packung dann auch noch extragroß, wird's riskant.

Auch der mentale Effekt spielt eine Rolle. Wer nach vielen kleinen Snacks weder richtig satt noch hungrig ist und wegen der Naschereien ein schlechtes Gewissen hat, neigt dazu, zur Kompensation das Mittagessen oder eine andere Hauptmahlzeit wegzulassen. Wenn Snacks dann einen großen Teil der Ernährung ausmachen, ist das alles andere als ausgewogen.

ZUM EINSTIEG KOMPROMISSE FINDEN

Es gibt auch noch andere Kompromisse, die du ausprobieren kannst. Nimm dir dabei ruhig ein bisschen Zeit, denn Gewohnheiten verändern sich nicht von heute auf morgen. So lassen sich beispielsweise zwei Hauptmahlzeiten mit einem gesunden Snack ergänzen. Isst du am späten Vormittag ein großes Frühstück, nimmst du nachmittags eine Kleinigkeit mit einem niedrigen glykämischen Index zu dir und beendest den Tag mit einem gesunden frühen Abendessen, das mit einem Salat beginnt. Eine weitere Variante zum Einstieg: Bleibe bei den klassischen drei Hauptmahlzeiten mit zwei Snacks und achte dabei auf das Timing. Zwischen Mahlzeiten und Snacks solltest du zwei- bis dreistündige Esspausen einhalten. Wenn du dich daran gewöhnt hast, kannst du die essfreien Zeiten verlängern und bald einen oder beide Snacks ganz weglassen. Übrigens musst du nicht sofort jeden Tag fasten. Beim 5:2-Fasten isst du an fünf Tagen in der Woche normal und reduzierst die Menge nur an zwei Tagen auf 500 Kalorien mit Gemüse, etwas Obst, Eiweiß und gesunden Fetten.

ZEHN GESUNDE SNACKS

Keine Idee für nährstoffreiche und blutzucker-freundliche Kleinigkeiten zwischendurch? Hier ein paar Anregungen:

- Avocado
- Oliven
- gekochte Eier
- Schokolade mit einem Kakaoanteil von mehr als 85 Prozent
- Naturjoghurt (wenn überhaupt süß, dann mit Beeren)
- ein Stück Käse
- ein Apfel oder eine Handvoll Beeren
- Kürbis- und Sonnenblumenkerne
- Quark
- Vollkornmüsli (ohne Zucker)

KOMM MAL RUNTER: WEGE AUS DER STRESSFALLE

Unter Druck steigt bei vielen Menschen der Blutzuckerspiegel, denn Stresshormone erhöhen ihn auf unterschiedlichen Wegen. Damit aus gelegentlicher Aufregung kein gesundheitsschädlicher Dauerstress wird, lohnt es, zwischendurch immer wieder gezielt herunterzukommen. Mehr Achtsamkeit, viel Bewegung und die Atmung spielen dabei eine Rolle.

Eine meiner Freundinnen konnte sich das Phänomen nicht so recht erklären: Immer wenn sie Streit mit ihrer Mutter hatte, zeigte ihre CGM-Kurve erhöhte Blutzuckerwerte. Inzwischen weiß sie um den Zusammenhang, verkürzt die (leider meistens unerfreulichen Treffen), isst vorher ein paar Nüsse und geht danach zum Sport. So kommt sie ohne nennenswerte Peaks durch den Nachmittag. Kein Wunder, denn Stress und Blutzuckerspiegel hängen zusammen. Sie beeinflussen sich gegenseitig.
Wer bereits mit erhöhten Werten zu kämpfen hat und ständig unter Strom steht, dürfte das kennen.

STRESSHORMONE – GEGENSPIELER DES INSULINS

Fühlen wir uns überfordert, überarbeitet, hilflos, angegriffen oder ungerecht behandelt, bricht Stress aus. Körper und Kopf reagieren „artgerecht“ und bereiten uns auf drohende Gefahren vor. In Alarmbereitschaft steigen Puls und Blutdruck, die Atmung wird schneller. Muskeln und Nervenbahnen spannen sich an. Der Organismus schüttet Adrenalin und Cortisol aus. Diese Stresshormone signalisieren: Ich brauche jetzt Zucker! Stresshormone sind so etwas wie die Gegenspieler des Insulins. Cortisol stimuliert die Glukoseproduktion in der Leber, gibt mehr Zucker ins Blut und hemmt die Insulinwirkung. Sobald der Stress nachlässt, ist der Spuk normalerweise vorbei. Hält der Druck aber länger an oder wird sogar chronisch, können sich die Blutzuckerwerte dauerhaft erhöhen. Häufig ist dann Übergewicht die Folge.

SICH FÜR TURBULENTE SITUATIONEN WAPPNEN

Wer die Zusammenhänge kennt, kann gegensteuern. Eine meiner Bekannten fand zum Beispiel mit ihrem Messgerät heraus, dass ihr Zuckerspiegel enorm stieg, bevor sie Vorlesungen halten musste. Sie stellte ihr Frühstück um, hatte, obwohl der Stress vor dem Reden nicht grundsätzlich nachließ, bessere Werte und fühlte sich in der Zeit vor den Vorträgen deutlich wohler. Wenn du weißt, dass es turbulent werden könnte, kannst du vorsorgen und deine Ernährung anpassen. Ansonsten ist es wichtig, dass du zwischendurch regelmäßig herunterkommst. Gegen „gesunden“ vorübergehenden Stress, also Belastungen, die wieder aufhören, wenn ein Problem gelöst wurde, ist nichts einzuwenden. Die gehören nun mal zum Leben.

DEN CORTISOLSPIEGEL SENKEN

Um Stress loszuwerden oder zu verhindern, ist die Senkung des Cortisolspiegels immer die entscheidende Säule. Das Naheliegende – nämlich nichts tun, Serien gucken und das Sofa nicht mehr verlassen – hilft dagegen leider nicht. Vielmehr ist Stressabbau ein aktiver Prozess, den du bewusst planen solltest. Dafür stehen verschiedene Maßnahmen zur Verfügung. Da nicht jeder gleich reagiert, testest du am besten unterschiedliche Strategien und findest dabei heraus, was besonders gut zu dir passt.

✦ Achtsamkeit und Bewegung

Zu den klassischen Stressmanagement-Techniken gehören Meditationen, Yoga, Tai-Chi, autogenes Training und progressive Muskelentspannung. Mit Achtsamkeit und Bewegungen kommst du dabei aus Gedankenspiralen heraus und konzentrierst dich auf das Hier und Jetzt. Das klingt vielleicht ein wenig abstrakt, ist aber sehr wirkungsvoll. Probiere es ruhig mal aus. In Form von Onlinekursen kommen Trainerinnen und Trainer digital direkt zu dir ins Haus. Auch jede andere Form von Sport hilft dir beim Herunterkommen.

✦ Bewusst atmen für Anfänger

Atemübungen eignen sich besonders für Einsteiger in Sachen Meditation. Ziehe dich zurück und konzentriere dich nur auf deine Atmung. Ganz einfach geht's mit Zahlen: Atme bewusst durch die Nase ein (und zähle dabei bis fünf), um anschließend langsam durch den Mund wieder auszuatmen (dabei zählst du bis sechs). Achte dabei genau auf das, was du empfindest. Wie fühlt sich das Einatmen an? Was ist beim Ausatmen anders? Spüre deinem Atem nach, wenn er durch den Körper zieht.

✦ Raus aus der Routine und Pause machen

Ein Termin jagt im Alltag den nächsten? Wenn dich das stresst, sind bewusste Pausen unentbehrlich. Nimm dir die Zeit, deine Routine mal zu verlassen. Dafür musst du nicht gleich in die Karibik reisen. Selbstfürsorge funktioniert auch in der eigenen Stadt. Mit kurzen Auszeiten lässt sich der Akku wieder aufladen. Ein entspannendes Bad in der Wanne, ein Spaziergang im Grünen, zwischendurch mal 20 Minuten die Augen schließen und Musik hören oder Ruhe in der Natur suchen.

✦ Leidenschaften leben

Was macht dir eigentlich Spaß? Vielleicht hast du lange nicht mehr über diese Frage nachgedacht. Wenn dir jetzt etwas einfällt, ist das ein prima Ansatzpunkt. Du hast keine Idee? Überlege, was dir in der Schulzeit Freude gemacht hat. Worin warst du gut? Kreatives wie Malen, Schreiben oder Fotografieren hebt die Stimmung. Auch Gärtnern lenkt gut ab. Jedes Hobby, bei dem du die Zeit vergisst wie ein spielendes Kind, versetzt dich in einen entspannten Zustand.

✦ Nur auf eine Sache konzentrieren

Leider fordert unsere schnelllebige digitale Zeit häufig viel zu viele Dinge gleichzeitig. So kann es passieren, dass du in Stress gerätst, obwohl du etwas gerne tust. Kochen kann zum Beispiel eine Tätigkeit sein, bei der man wunderbar entspannen kann. Wenn es aber schnell gehen muss, nebenbei drei offene Chats abwechselnd nach Aufmerksamkeit schreien und der nächste Termin in Gefahr gerät, wird aus Spaß Stress. Du kannst viel besser abschalten, wenn du deinen Alltag so organisierst, dass du dich immer auf das konzentrierst, was du gerade tust.

UND NICHT VERGESSEN:

Auch Krankheiten, schlechter Schlaf, Konflikte mit anderen, zu intensiver Sport oder auch allzu strenge Ernährungsregeln können Stress auslösen. Wenn du deinen persönlichen Risiken auf die Spur kommst und Wege zum Stressabbau gefunden hast, entlädt sich die Anspannung und der Blutzucker sinkt wieder.

»Entspannt durch den Alltag! Wer sich viel bewegt, Stress abbauen und gut schlafen kann, optimiert seinen Blutzuckerspiegel ganz nebenbei.«

BESSER SCHLAFEN FÜR BESSERE LAUNE

Kommst du abends schlecht zur Ruhe und wachst morgens alles andere als erfrischt auf? Möglicherweise spielt der Blutzucker auch hier eine Rolle. Wenn Sorgen und Ängste den Schlaf stören, stehen wir enorm unter Druck. Hormone treiben den Zuckerspiegel nach oben, selbst wenn wir gar nichts essen. Schlafstörungen sind ein weitverbreitetes Phänomen.

Du hast zu viel zu tun? Stress im Job, in der Familie oder in der Partnerschaft? Sorgen machen sich immer wieder breit. Probleme führen zu unlösbaren Gedankenkreisen, die am Ende SOS funken: Hilfe, ich kann nicht mehr richtig schlafen! Auch hier machen unsere Gene auf sich aufmerksam. Fight oder Flight, Kampf oder Flucht – die Überlebensstrategien unserer Vorfahren mussten auch nachts funktionieren. Um reaktionsfähig zu bleiben, wurde das Insulin in potenziellen Gefahrenlagen nicht abgebaut. Heute brauchen wir diese nächtliche Wachsamkeit zum Glück nicht mehr. Trotzdem verhält sich unser Körper noch so wie in grauer Vorzeit. Falls du auch zu den Leuten gehörst, die nur selten erholsam schlummern, bist du nicht allein. Schlafstörungen sind weitverbreitet. In Befragungen gaben 43 Prozent der Deutschen an, dass sie schlecht schlafen.

Die Folgen setzen einen Teufelskreis in Gang: Schlafen wir schlecht oder wachen nachts öfter auf, geraten die Hormone Ghrelin und Leptin, die die Sättigung regeln, aus dem Gleichgewicht. Das Gehirn erfährt nicht, wenn der Magen signalisiert, dass er genug hat. Wir essen mehr als nötig. Auf die Dauer entsteht dadurch Übergewicht, das den Schlaf erneut stört, indem es unter anderem dazu führen kann, dass nachts die Atmung zeitweise aussetzt (Fachbegriff: Schlafapnoe), was den Körper dann noch einmal unter Stress setzt und den Blutzuckerspiegel nach oben treibt.

ERST HERUNTERFAHREN, DANN INS BETT GEHEN

Auch ich habe manchmal Probleme mit dem Schlafen. Nach meiner Devise „Schlaf muss man sich auch gönnen können" plädiere ich dafür, dass jeder seine eigenen Regeln finden muss. Denn guter Schlaf entsteht selten von alleine. In unserer Leistungsgesellschaft erwarten wir häufig, dass wir mit besonders wenig Schlaf auskommen. Oder wir haben das Gefühl, dass es schlecht ist, wenn man viel schläft. Doch es ist wie beim Essen im Hinblick auf die Blutzuckerwerte: Was bei dem einen wirkt, hilft dem anderen nicht unbedingt. Beschäftige dich bewusst mit dem Thema Nachtruhe. Denn Schlaf ist eine ungemein wichtige Ressource.

Ob du selbst besser schlafen möchtest oder deine Liebsten im Blick hast, unter dem Stichwort Schlafhygiene gibt es eine ganze Reihe von wirkungsvollen Maßnahmen. Das fängt damit an, dass du nicht einfach ins Bett gehst und auf süße Träume hoffst, sondern gezielt „herunterfährst". Komm also erst einmal zur Ruhe. Ein warmes Bad, Entspannungstechniken wie Atemübungen, Meditation oder Yoga können helfen. Vielleicht liest du auch noch ein bisschen in einem Buch aus Papier (falls du noch eins hast), bevor du das Licht ausmachst. Wichtig: Halte eine Stunde vorher Abstand zu Smartphone und Co., denn das blaue Licht kann das Einschlafen erschweren.

IMMER SCHÖN IM RHYTHMUS BLEIBEN

Bleib außerdem in einem festen Rhythmus aus Schlafen und Wachsein. Also jeden Tag ungefähr zur gleichen Zeit ins Bett gehen und aufstehen – auch am Wochenende. So wird es leichter, einen gesunden Schlafrhythmus zu entwickeln, der die Blutzuckerkurve flach hält. Häufig verbessern sich die Werte, wenn man einen regelmäßigen Rhythmus gefunden hat. Sieben bis neun Stunden Schlaf gelten als optimal. Wichtig zu wissen: Nach- oder Vorschlafen funktioniert leider nicht.

Eine angenehme Umgebung kann ebenfalls die Schlafqualität verbessern: Das Schlafzimmer sollte gut belüftet, dunkel, ruhig und nicht zu warm sein. Unter der Decke darfst du weder frieren noch schwitzen. Auf Kissen und auf der Matratze sollte dein Körper gerade liegen, also ohne Knick in der Halswirbelsäule oder in der Lendenwirbelsäule. Achte außerdem darauf, dass du tagsüber viel rauskommst und Licht „tanken" kannst, denn das hilft dem Körper, nachts mehr Melatonin zu bilden. Abends hingegen brauchst du nicht mehr viel Licht. Starke Lichtquellen solltest du vorm Einschlafen meiden. Du kannst das Licht zu Hause zum Beispiel leicht dimmen oder eine Kerze anzünden.

HILFE IM SCHLAFLABOR

Du hast schon vieles probiert und findest trotzdem keinen erfüllenden Schlaf? Dann ist es ratsam, eine Ärztin oder einen Arzt aufzusuchen. In einem sogenannten Schlaflabor kann man seinen Schlaf genau untersuchen lassen und detaillierte Erkenntnisse über eventuelle Störungen mit tiefer liegenden Ursachen gewinnen.

VORSICHT, SCHLAFRÄUBER

Koffein und Nikotin sind echte Wachmacher. Kaffee, Tee oder andere koffeinhaltige Getränke brauchst du vorm Schlafengehen nicht. Auch beim Alkohol ist Vorsicht geboten. Wir nutzen ein Glas Wein zwar gerne als Schlummerhilfe, die wirkt aber nur kurzfristig. Aus anfänglicher Müdigkeit wird im Laufe der Nacht dann Unruhe. Allzu viel Flüssigkeit kann dich nachts zur Toilette treiben. Schweres Essen zu später Stunde wird gerne zum Schlafräuber. Die letzte Mahlzeit sollte möglichst wenig Kohlenhydrate enthalten, um nächtlichen Blutzuckerschwankungen vorzubeugen. Wenn du dich tagsüber viel bewegst, ist das klasse. Sport macht auf angenehme Weise müde. Allerdings darfst du nicht zu spät damit anfangen. Intensives Training putscht nämlich ganz schön auf. Das ist morgens super, abends in den letzten Stunden vor dem Schlafengehen aber nicht.

Lass keinen Lärm an dich heran. Es ist hilfreich, in einer absoluten ruhigen Umgebung zu schlafen. Schließe Fenster und Türen und reduziere alle Geräuschpegel in der Nähe auf ein Minimum. Wenn sich Krach von draußen nicht verhindern lässt, kannst du Ohrstöpsel benutzen. Wichtig zu wissen: Schlafmittel sind keine Lösung. Halte besser Abstand davon. Über einen längeren Zeitraum machen sie abhängig und es wird schwer, wieder davon loszukommen. Eine Alternative ohne schädliche Nebenwirkungen ist Lavendel. Ein paar Tropfen Öl auf ein Tuch neben dem Kopfkissen bewirken bei manchen Wunder. Sind es aufwühlende Gedanken, die dich nachts am Einschlafen hindern? Probiere mal, sie aufzuschreiben, bevor du ins Bett gehst. Das kann dazu führen, dass du sie besser loswirst und dann in Ruhe in den Schlaf findest. Du beherrschst autogenes Training oder die Kunst der Meditation? Auch das kann dir den Übergang ins Reich der Träume erleichtern.

DURCH MEHR BEWEGUNG DEN BLUTZUCKER IM GRIFF

Ein Spaziergang nach dem Essen ist ein guter Trick, um den Blutzucker wieder ins Lot zu bringen. Viel Bewegung im Alltag und Sport helfen aber noch mehr. Vor allem Muskeltraining lohnt sich, denn Muskelzellen sind wahre Zuckerfresser. Hier geht's um akute und um lang anhaltende Zaubereffekte.

Bewegung gehört zu den wichtigsten Maßnahmen gegen einen hohen Blutzuckerspiegel. Du musst nicht gleich superaktiv werden. Mäßiger, aber regelmäßiger Sport ist ein bedeutender Baustein, um den Zucker dauerhaft in der Balance zu halten. Bewegungsmangel gehört zu den eindeutigen Ursachen für die Zuckerkrankheit. Wer zusätzlich zu mehr Bewegung auch seine Ernährung umstellt, um Übergewicht abzubauen, hat gute Chancen, der Krankheit zu entkommen und lange gesund zu bleiben. Für Sport und Bewegung im Alltag zur Blutzuckeroptimierung gibt es zahlreiche Gründe.

LAUTER GUTE GRÜNDE, SICH ZU BEWEGEN

✦ Sport macht die Zellen sensibler. Das heißt, dass sie Insulin effizienter nutzen können. Bei vielen Kohlenhydraten und wenig Bewegung kommen die Zuckeraufnahme und die Speicherkapazität schnell ans Limit. Außerdem schützt Sport die insulinproduzierenden Betazellen in der Bauchspeicheldrüse, sodass sie funktionsfähig bleiben.

✦ Bewegung senkt den Blutzuckerspiegel, denn sie stärkt und schützt die Muskulatur. Ausgeprägtes Muskelgewebe kann Glukose aus dem Blut besser aufnehmen und zur Energiegewinnung nutzen. Du kannst dabei mit wenig Aufwand eine Menge erreichen. Bereits mit einer Stunde Muskelaufbautraining pro Woche zeigen sich positive Effekte beim Blutzuckerspiegel.

✦ Ist die Insulinempfindlichkeit gestört, wächst die Gefahr, dass insbesondere das LDL-Cholesterin, also das „schlechte", steigt. Mit erhöhten Blutfettwerten wächst auch das Risiko für Herz-Kreislauf-Erkrankungen. Sportliche Aktivitäten können diesen Prozess bremsen.

✦ Wenn du dich häufiger anstrengst, nimmst du besser ab beziehungsweise kannst dein Gewicht leichter halten, weil du mehr Kalorien verbrennst. Allerdings solltest du die Wirkung des Sports nicht überschätzen, wenn du überschüssige Pfunde loswerden möchtest (siehe Kasten rechts).

✦ Insbesondere chronischer Stress kann den Blutzuckerspiegel erhöhen. Sobald du dich bewegst, baut dein Körper Stresshormone besser ab und die Zuckerwerte sinken – zumindest solange du keine extrem anstrengende Sportart betreibst, die dich unter Leistungsdruck setzt oder dich überfordert. Wähle eine Sportart, bei der es nicht um Bestleistungen geht, sondern nur um Erholung.

✦ Dein Herz profitiert von jedem Schritt, den du machst, denn körperliche Aktivitäten stärken das Herz-Kreislauf-System. Ist der Zuckerspiegel dauerhaft erhöht oder bewegt sich zu viel auf und ab, steigt das Risiko für Herz-Kreislauf-Erkrankungen. Für die Herzgesundheit eignen sich vor allem Sportarten wie Walken, Radfahren und Schwimmen. Du solltest mäßig, aber regelmäßig trainieren.

✦ Bluthochdruck ist mittlerweile zur Volkskrankheit geworden. Fast jeder dritte Erwachsene in Deutschland leidet daran. Die sogenannte Hypertonie wird durch einen hohen Blutzuckerspiegel verstärkt. Sport trägt dazu bei, den Druck in den Gefäßen zu senken und die Gefahr für Komplikationen wie Nervenschäden, Augen-, Nieren- und Fußprobleme zu verringern.

✦ Nicht zu vergessen: Sport macht gute Laune. Es stärkt dein Selbstbewusstsein, wenn du den inneren Schweinehund überwunden hast. Wenn wir uns bewegen, schüttet der Körper verschiedene Neurotransmitter aus. Dazu gehören zum Beispiel Serotonin, Noradrenalin und Dopamin, also Botenstoffe, die Glücksgefühle erzeugen.

SPORT ALLEIN IST NICHT GENUG

Trotz der überzeugenden Vorteile in Sachen Insulinempfindlichkeit solltest du die Wirkung von Sport beim Abnehmen nicht überschätzen. Viele Untersuchungen haben gezeigt, dass man mit Training allein nicht unbedingt schlanker wird. Das hört sich erst einmal merkwürdig an. Doch es hat sich herausgestellt, dass wir den Faktor Kompensation meist nicht richtig einkalkulieren. Nach körperlichen Anstrengungen essen wir in der Regel mehr. Nach einer Stunde Sport am Morgen sind wir nachmittags oder abends gerne fauler. Das ist menschlich. Du kannst Zuckerspitzen zwar mit Bewegung reduzieren, aber kein Fressgelage mit Joggen ausgleichen. Abnehmen funktioniert nicht, wenn du versuchst, schlechte Essgewohnheiten mit Extrastunden im Fitnessstudio wettzumachen. Etwa 95 Prozent des Abnehmerfolges basieren auf Ernährungsumstellungen und nicht auf Bewegungsprogrammen.

WENN DER SPIEGEL WIEDER STEIGT

Auch wenn jede körperliche Aktivität sich langfristig positiv auf den Zuckerspiegel auswirkt, kann es mal passieren, dass der Blutzucker nach einer kurzen und intensiven Anstrengung plötzlich ansteigt – nicht immer und nicht bei jedem, aber es ist nicht auszuschließen. Das liegt daran, dass manche sensibler reagieren, wenn sie sich richtig ins Zeug legen. Intensive, kurze Einheiten führen dann eher zu Blutzuckerspitzen als moderate, längere. Denn der Körper setzt bei starker Anstrengung die Stresshormone Adrenalin und Cortisol frei. Diese Botenstoffe stärken uns evolutionsbedingt im Überlebenskampf, lassen den Blutzuckerspiegel steigen und machen sich deshalb auch bei extremen Belastungen bemerkbar. Wer gut trainiert ist, hat damit weniger Probleme. Für Anfänger ist das aber kein Grund, nicht zu sporteln. Denn sobald der Organismus sich an die bis dahin ungewohnten Belastungen gewöhnt hat, reagiert er nicht mehr so heftig mit Peaks. Das kann jeder für sich selbst austesten. Wer lange keinen Sport getrieben hat und jetzt wieder einsteigen will, sollte vorher einen Arzt oder eine Ärztin konsultieren, um sich individuelle Empfehlungen geben zu lassen. Das gilt insbesondere für Menschen mit Diabetes.

BEWEGUNGSTIPPS GEGEN BLUTZUCKERSCHWANKUNGEN

Jede Form von Bewegung hilft gegen Blutzuckerschwankungen. Wie so oft hängt die optimale Wirkung von verschiedenen Faktoren ab. Wie fit bist du? Wie reagierst du auf Stress? Ist gesundheitlich alles in Ordnung? Was macht dir Spaß? Wie viel Zeit kannst du investieren? Du solltest immer deine individuellen Bedürfnisse und Grenzen berücksichtigen, um mögliche Risiken zu minimieren. Probiere ruhig einiges aus. Vielleicht dauert es ein bisschen, bis du deinen Sport gefunden hast. Aber die Geduld lohnt sich, denn Sport muss Spaß machen, sonst hörst du schnell wieder auf. Hier stellen wir dir ein paar Sport- und Bewegungsformen vor, die deinem Zuckerstoffwechsel guttun:

NACH DEM ESSEN EINE RUNDE GEHEN

Ein strammer Spaziergang nach dem Essen ist der einfachste Trick, um den Blutzucker zu senken. Auch ein schneller Gang zum Supermarkt und zurück ist hilfreich. Du kannst damit schon 20 Minuten nach einer Mahlzeit loslegen. Wenn du mehr willst als einen Verdauungsspaziergang, probierst du es mit Nordic Walking oder dem sogenannten Intervallgehen. Das heißt, dass du abwechselnd drei Minuten schnell und danach drei Minuten etwas langsamer gehst. Dänische Forscher fanden heraus, dass sich die Blutzuckerwerte damit verbessern lassen – allerdings erst nach vier Monaten mit jeweils einer Stunde Intervallgehen täglich.

GARTENARBEIT, HAUSHALT, SEILSPRINGEN

Du gehst gerne in die Berge zum Wandern oder abends zum Tanzen? Du magst Radtouren am Wochenende oder setzt dich auch mal aufs Fahrrad statt ins Auto? Das sind ebenfalls gute Sportarten, um im Alltag regelmäßig in Schwung zu kommen. Ich nutze gerne mein Springseil. Das habe ich auch unterwegs immer dabei. Wenn du deine Gelenke schonen möchtest, bewegst du dich am besten im Wasser. Ob im Meer, draußen im Badesee oder im Schwimmbad – nutze Gelegenheiten, die sich ergeben, wenn du in Wassernähe bist. Yoga und Pilates sind ebenfalls geeignete Sportarten, um Stress abzubauen und den Blutzucker darüber zu regulieren. Natürlich kannst du auch zu Hause mal ins Schwitzen kommen: Gartenarbeit, Einkäufe, Treppen rauf und runter, putzen, aufräumen – da gibt's immer etwas zu tun. Denke daran, dass der Zuckerspiegel von jeder Anstrengung profitiert.

BEIM KRAFTTRAINING GLYKOGENSPEICHER ANZAPFEN

Nicht nur Ausdauersport hilft. In den letzten Jahren ist die Wirkung des Krafttrainings immer besser erforscht worden. Seitdem gilt es auch für alle, die auf ihren Blutzucker achten, als geeigneter Sport. Ob du Übungen mit dem eigenen Körper (Liegestütze, Planks, Kniebeugen, Sit-ups) machst oder an Geräten im Fitnessstudio trainierst – alles, was die Muskelmasse erhöht, verbessert die Insulinempfindlichkeit und vergrößert den Speicherplatz für Zucker aus Nahrungskohlenhydraten. So können Trainierte bis zu 400 Gramm Glykogen speichern, während Unfitte mit dünnen Armen und Beinen nur noch 200 Gramm deponieren. Das liegt daran, dass die Muskeln Glukose brauchen. Sie haben eigene Lager, die sogenannten Glykogendepots, die sie bei Anstrengung anzapfen. Sind die Speicher leer, holen die Zellen sich aus dem Blut, was sie brauchen. Das lässt den Blutzuckerspiegel sinken. Bis die geleerten Lager wieder voll sind, können zwei Tage vergehen. Entsprechend lange hält auch der günstige Effekt auf den Zuckerspiegel an. Forschungen über den Zusammenhang von Muskelmasse und Blutzuckerwerten zeigten: je stärker die Muskeln, desto besser die Insulinempfindlichkeit. Allein die Kontraktion der Muskulatur bewirkt, dass die Produktion des Glukosetransporters GLUT4 in den Muskelzellen gesteigert wird. Das geringste Risiko haben demnach diejenigen, die sowohl ihre Kraft als auch ihre Ausdauer trainieren. Tipp: Wenn du eine kohlenhydratreiche Mahlzeit vor dir hast, ist es ratsam, intensiver zu trainieren, um die Glykogenvorräte in der Muskulatur aufzubrauchen und Platz für die nächste Nudelportion zu schaffen, ohne den Blutzucker zu belasten.

WIE VIEL BEWEGUNG MUSS SEIN?

Zur Orientierung: Die Weltgesundheitsorganisation (WHO) rät zu einem Minimum von 150 bis 300 Minuten Sport pro Woche – und zwar bei moderater Anstrengung. Dazu gehören zum Beispiel schnelles Gehen, Fahrradfahren, Schwimmen oder leichtes Joggen. Das gilt auch bei erhöhten Blutzuckerwerten. Am besten verteilt man seine Sporteinheiten auf drei- bis viermal eine halbe bis eine ganze Stunde wöchentlich. Wer in weniger Zeit die gleichen Effekte erzielen möchte, trainiert intensiver, aber dafür etwas kürzer (75 bis 150 Minuten pro Woche). Bei beiden Modellen ist natürlich noch Luft nach oben. Du bist nicht sicher, wo deine Grenze liegt? Das lässt sich leicht herausfinden: Bewege dich so, dass du nebenbei noch gut reden kannst. Dann liegt dein Training im mittleren moderaten Bereich.

AUF EINEN BLICK: UNSERE TIPPS FÜR DICH

✦ Du darfst im Prinzip (fast) alles essen – solange du dich gesund auf der Basis einer überwiegend pflanzenbasierten unverarbeiteten Kost ernährst. Ob du deine Proteine über vegane oder vegetarische Kost, über Fisch, Meeresfrüchte oder Fleisch zu dir nimmst, spielt keine Rolle. Wenn du dich noch nicht so gut mit Nährwerten auskennst, kannst du Apps nutzen (zum Beispiel die Fddb-App), um Informationen über Kalorien, Kohlenhydrate und den Eiweißgehalt einzelner Lebensmittel zu bekommen.

✦ Es gibt keine Mengeneinschränkungen. Du darfst essen, so viel du willst – solange es sich um unverarbeitete Lebensmittel handelt. Denn mit ihnen kann man sich nicht „überessen". Anders sieht es bei Junkfood aus. Meide also Fast Food und Fertigprodukte in jeder Form und iss stattdessen so natürlich wie möglich.

✦ Jede Mahlzeit sollte gesunde Fette (keine Mengenvorgaben) und Proteine enthalten, sodass du auf etwa 80 bis 90 Gramm Eiweiß pro Tag kommst.

✦ Achte auf die richtige Reihenfolge. Fang immer mit Salat (gerne mit Essig und Öl), Gemüse oder Gemüsesuppen (mit gesunden Fetten) an. Danach sind die Proteine (auch mit Fetten) dran. Und zum Schluss kommen die stärkehaltigen Kohlenhydrate. Dazu gehören Sättigungsbeilagen wie zum Beispiel Kartoffeln, Knödel, Brot, Reis oder Nudeln. Wenn dir das nicht einzeln schmeckt, kannst du die Beilagen auch mit Proteinen und Fetten zusammen essen. Kartoffeln, Reis und Pasta nimmst du am besten nicht heiß aus dem Kochtopf, sondern kochst diese Beilagen erst, lässt sie dann erkalten und wärmst sie später wieder auf.

✦ Du darfst auch Desserts genießen (am besten selbst frisch zubereitet). Früchte bitte zuletzt essen. Ausnahmen sind Beeren und Papaya, mit denen kannst du auch anfangen.

✦ Iss nicht mehr als drei Mahlzeiten am Tag. Die dürfen dann alles enthalten, was dir schmeckt. Zum Beispiel Salat, ein Steak mit Sauce, dazu Kartoffeln, Reis oder Pasta, Brot, Mousse au Chocolat, Eis oder Früchte als Dessert.

✦ Verzichte zwischendurch auf jegliche Form von Essen und gönne deinem Körper dadurch mehrstündige Esspausen. Wenn du das gar nicht durchhalten kannst, nimm Rohkost.

✦ Trink ausreichend kalorienfreie Getränke wie Wasser oder Kräutertee über den Tag verteilt. Ideal sind 30 bis 35 Milliliter Wasser pro Kilogramm Körpergewicht. Das ergibt zwei bis drei Liter. Meide Fruchtsäfte, Cola oder andere Softgetränke. Auch auf künstliche Süßstoffe solltest du verzichten. Wenn es mal etwas Besonders sein soll, verdünnst du Saft mit Wasser (ein Viertel Saft, drei Viertel Wasser) und trinkst die Schorle erst nach dem Essen und nicht auf nüchternen Magen.

✦ Kaffee und Espresso sind okay, auch zwischendurch. Gegen einen Cappuccino mit Milch, Soja- oder Mandelmilch ist ebenfalls nichts einzuwenden, solange er nicht gezuckert oder mit Süßstoffen gesüßt ist.

✦ Alkohol ist in keiner Form gesund, da lässt sich wirklich nichts schönreden. Mit Rücksicht auf den Blutzuckerspiegel solltest du ihn – wenn es überhaupt sein muss – nur in der „puren" Form trinken, also Wein, Gin, Wodka und Schnaps. Auch Champagner und trockener Prosecco oder Crémant sind erlaubt. Auf Bier und Cocktails solltest du besser ganz verzichten.

- Beweg dich regelmäßig, mindestens so viel, als würdest du jeden Tag fünf Kilometer zu Fuß gehen. Um den Blutzuckerspiegel zu senken, zeigt schon ein kurzer Spaziergang nach dem Essen Effekte. Außerdem solltest du dich auch sonst im Alltag viel bewegen. Darüber hinaus ist natürlich noch Luft nach oben: Suche dir eine Sportart, die dir Spaß macht. Denn nur dann wirst du langfristig dranbleiben. Um Blutzuckerspitzen zu vermeiden und um die Gesundheit allgemein zu fördern, ist eine Mischung aus Ausdauer- und Krafttraining optimal. Ideal sind drei bis vier Trainingseinheiten pro Woche, die jeweils eine halbe bis eine ganze Stunde dauern.

RAN AN DIE REZEPTE: GUTEN APPETIT!

Von der Theorie in die Praxis, vom Lesen zum Kochen und Zubereiten: Mit unseren blutzuckerfreundlichen Rezepten kommst du prima durch den Tag. Ob Frühstück, Snack, Mittag- oder Abendessen – du findest Anregungen für jede Mahlzeit. Unsere Vorschläge sind unkompliziert und haben wenig Zutaten. Für alle, die sich viel bewegen, gibt es noch Ideen für mehr Kohlenhydrate. Wenn es sich lohnt, gleich mehr zu machen, findest du auch passende Meal-Prep-Tipps. Und natürlich erfährst du bei jedem Rezept, warum es so gut für deinen Blutzucker ist.

SCHOKO-PORRIDGE MIT ZUCCHINI UND BEEREN

1 EL Öl (z. B. Raps- oder Kokosöl)
70 g Hafergrütze
30 g geschroteter Leinsamen
200 ml Vollmilch (3,5 % Fett)
2 TL Backkakao
Salz | 1–2 TL Ahornsirup
200 g Zucchini
100 g Beeren (frisch oder TK; z. B. Erdbeeren, Blaubeeren oder Himbeeren)
200 g Speisequark (20 % Fett i. Tr.)
je 2 TL geröstete Mandelstifte und Kakao-Nibs

Für 2 Portionen
Zubereitung: ca. 30 Min.
Pro Portion ca. 500 kcal, 28 g EW, 25 g F, 40 g KH

✦ Das Öl in einem Topf erhitzen. Hafergrütze und Leinsamen dazugeben und unter Rühren 2 bis 3 Minuten anrösten. Die Milch dazugießen, Kakao, 1 Prise Salz und Ahornsirup hinzufügen. Alles aufkochen und unter häufigem Rühren bei schwacher Hitze etwa 20 Minuten köcheln lassen.

✦ Die Zucchini putzen, waschen und fein raspeln. Die Beeren verlesen, waschen und trocken tupfen, falls nötig, größere Beeren halbieren.

✦ Den Porridge vom Herd nehmen und zugedeckt etwa 5 Minuten ruhen lassen. Dann Zucchiniraspel und Quark hinzufügen und unterheben. Den Porridge auf zwei Schalen verteilen und die Beeren daraufgeben. Zuletzt mit den Mandeln und Kakao-Nibs bestreuen.

Blutzucker-Tipp

Je weniger verarbeitet ein Produkt ist, desto länger dauert es, bis der Körper es bei der Verdauung zerlegt, und desto flacher fällt die Blutzuckerkurve aus. Hafergrütze hat deshalb einen geringeren Effekt auf den Blutzucker als Haferflocken. Das Eiweiß und das Fett aus dem Quark und die Ballaststoffe aus der Zucchini bremsen den Blutzuckeranstieg zusätzlich ab.

Meal Prep

Wer morgens nicht viel Zeit hat, kann den Porridge schon am Vorabend kochen und abgedeckt kalt stellen. Morgens dann nach Belieben auf dem Herd oder in der Mikrowelle erwärmen, Zucchini und Quark unterheben und nach Rezept fertigstellen.

PFANNEN-GRANOLA MIT MANDELN UND LEINSAMEN

Für 2 Portionen
Zubereitung: ca. 20 Min.
Pro Portion ca. 455 kcal, 24 g EW, 33 g F, 14 g KH

- 2 EL gehackte Pekannuss- oder Walnusskerne
- 2 EL gehackte Mandeln (mit Haut)
- 2 EL Kokosraspel
- 3 EL geschroteter Leinsamen
- 1 EL Öl (z. B. Raps- oder Kokosöl)
- 1–2 TL Ahornsirup
- 1 TL Zimtpulver | Salz
- 250 g Speisequark (20 % Fett i. Tr.)
- 100 g Beeren (frisch oder TK; z. B. Himbeeren und Blaubeeren)

✦ Nüsse, Mandeln, Kokosraspel und Leinsamen mischen und in einer Pfanne ohne Fett unter Rühren 3 bis 4 Minuten anrösten.

✦ Das Öl und den Ahornsirup dazugeben und alles weitere 2 bis 3 Minuten rösten. Zimt und 1 Prise Salz untermischen. Das Granola sofort aus der Pfanne nehmen, auf einem großen Teller ausbreiten und abkühlen lassen. So wird die Mischung noch knuspriger.

✦ Den Quark glatt rühren und auf zwei Schalen verteilen. Beeren verlesen, waschen und trocken tupfen, falls nötig, größere Beeren halbieren. Auf dem Quark verteilen und das Granola darüberstreuen.

Blutzucker-Tipp

Ganz ohne Hafer- oder andere Getreideflocken ist dieses Granola besonders blutzuckerfreundlich. Ergänzt wird der Knusper-Mix durch eiweißreichen Quark und Beeren, die zu den zuckerarmen Obstsorten gehören. So startest du gesund in den Tag!

Meal Prep

Das Granola lässt sich super in größeren Mengen auf Vorrat zubereiten. Einfach abkühlen lassen und in ein Schraubglas füllen. So bleibt es etwa 14 Tage haltbar.

OVERNIGHT-CHIASAMEN MIT KOKOS, OBST UND QUARK

Für 2 Portionen
Zubereitung: ca. 15 Min. + Quellzeit der Chiasamen
Pro Portion ca. 445 kcal, 21 g EW, 32 g F, 9 g KH

40 g Chiasamen
30 g geschälte Hanfsamen
20 g Kokosraspel
100 ml Kokosmilch
150 g Obst (z. B. Nektarinen, Beeren)
150 g Magerquark (oder vegane Alternative)
1 TL Vanilleessenz
½ TL Ahornsirup
1 TL geröstete Kokosraspel zum Bestreuen

✦ Am Vorabend Chiasamen, Hanfsamen und Kokosraspel in einer Schale mischen. Die Kokosmilch und 100 ml Wasser dazugeben und alles gut verrühren. Abgedeckt über Nacht kalt stellen.

✦ Am nächsten Morgen das Obst waschen, je nach Sorte vorbereiten und eventuell klein schneiden. Den Quark mit der Vanilleessenz und dem Ahornsirup gründlich unter die Chiamasse rühren.

✦ Die Chiamasse auf zwei Schalen verteilen und das Obst daraufgeben, mit den gerösteten Kokosraspeln bestreuen.

Blutzucker-Tipp

Über Nacht quellen die Chiasamen auf und bilden eine Art Gel. Dieses verlangsamt die Verdauung und hat zur Folge, dass die Blutzuckerkurve flach bleibt. So kommt bis zum Mittagessen garantiert kein Heißhunger auf.

Meal Prep

Die Chiamischung lässt sich gleich für mehrere Tage zubereiten – abgedeckt im Kühlschrank bleibt sie 3 bis 4 Tage frisch. Lediglich das Obst sollte immer erst morgens frisch dazukommen.

GEFÜLLTE AVOCADO MIT TOMATEN UND MOZZARELLA

Für 2 Portionen
Zubereitung: ca. 25 Min.
Pro Portion ca. 520 kcal, 23 g EW, 44 g F, 9 g KH

- 150 g Cocktailtomaten
- 1 Packung Maxi-Mozzarella (200 g)
- 3 Stiele Basilikum
- 1 TL Weißweinessig
- Salz | Pfeffer aus der Mühle
- 3 TL Olivenöl
- 80 g Rucola
- 1 reife Avocado
- 1 TL geröstete Pinienkerne

✦ Die Tomaten waschen, trocken tupfen und halbieren oder vierteln. Mozzarella gut abtropfen lassen, trocken tupfen und klein würfeln. Das Basilikum waschen, trocken schütteln, die Blätter von den Stielen zupfen und grob schneiden. Essig mit Salz und Pfeffer verrühren, dann das Öl unterschlagen. Tomaten, Mozzarella und Basilikum mit dem Dressing mischen.

✦ Den Rucola verlesen, waschen und trocken schleudern, grobe Stiele entfernen. Den Rucola auf zwei Tellern verteilen. Die Avocado waschen, halbieren und den Kern entfernen. Jeweils eine Avocadohälfte auf einen Teller geben, mit Tomaten-Mozzarella-Salat füllen und mit Pinienkernen bestreuen. Den restlichen Salat dazu reichen.

Blutzucker-Tipp

Mit dem Mix aus den gesunden Fetten der Avocado, dem Eiweiß aus dem Mozzarella sowie den Ballaststoffen aus Tomaten und Rucola ist dieses Rezept besonders blutzuckerfreundlich: perfekt als kohlenhydratarmes Sattmacher-Frühstück für alle, die am Vormittag wenig Bewegung haben.

Mehr Carbs

Noch 1 Scheibe Saaten-Knäcke (siehe Seite 74) oder Zucchini-Eiweiß-Brot (siehe Seite 82) dazu essen.

Saaten-Knäcke mit Kürbiskernen

Für 16 Scheiben
Zubereitung: ca. 15 Min. + 1 Std. Backzeit
Pro Scheibe ca. 100 kcal, 5 g EW, 8 g F, 3 g KH

80 g Chiasamen
80 g geschroteter Leinsamen
80 g Sonnenblumenkerne
60 g Sesamsamen
20 g Mandelmehl
1 EL Kürbiskerne
¾ TL Salz
1 TL getrockneter Oregano

✦ Den Backofen auf 160 °C (140 °C Umluft) vorheizen. Alle Zutaten in einer Rührschüssel mischen. Nach und nach 300 ml kaltes Wasser dazugießen und alles gut verrühren.

✦ Die Masse auf einen Bogen Backpapier geben, mit einem zweiten Bogen Backpapier belegen und auf Blechgröße (ca. 36 x 42 cm) flach ausrollen. Auf das Backblech ziehen und den Teig möglichst bis in die Ecken drücken. Das obere Backpapier abziehen und die Teigplatte mit einem Messer in 16 Scheiben schneiden. Dafür die Platte jeweils längs und quer halbieren und die entstehenden Rechtecke in 4 Scheiben à etwa 5 x 18 cm schneiden.

✦ Das Knäcke im vorgeheizten Ofen auf der mittleren Schiene 20 bis 25 Minuten backen. Das Blech drehen (sodass die hintere Seite vorne ist) und das Brot weitere 30 bis 35 Minuten backen. Dabei einen Kochlöffelstiel in die Ofentür klemmen, damit die Feuchtigkeit entweichen kann. Das Knäcke auskühlen lassen. Die Schnittkanten eventuell mit dem Messer nachschneiden und das Knäcke in Scheiben teilen.

Blutzucker-Tipp

Das Knäcke kommt ganz ohne Mehl aus und überzeugt mit gesunden Fetten und etwas pflanzlichem Eiweiß – ideal als blutzuckerfreundlicher Begleiter zu Salaten, Suppen, Dips oder mit Aufstrich bzw. Belag und einer Handvoll Knabbergemüse als schnelle Mahlzeit.

Meal Prep

Das ausgekühlte Knäcke in eine gut schließende Blech- oder Vorratsdose geben und an einem trockenen Ort aufbewahren. So bleibt es bis zu 3 Wochen knusprig und frisch.

… und dazu: Basilikum-Hummus und Knabbergemüse

Für 2 Portionen
Zubereitung: ca. 15 Min.
Pro Portion ca. 460 kcal, 22 g EW, 22 g F, 45 g KH

✦ Die Kichererbsen in ein Sieb abgießen, kalt abbrausen und abtropfen lassen. Mit Hanfsamen, Öl, Zitronensaft, Tahin, Kreuzkümmel, Basilikum und 4 bis 5 EL Wasser cremig pürieren. Mit Salz abschmecken.

✦ Das Gemüse putzen, waschen und in mundgerechte Stücke schneiden. Mit Hummus und Knäcke servieren.

Meal Prep

Wenn's morgens schnell gehen muss, den Hummus am besten schon am Vortag zubereiten. Er bleibt in einer gut verschließbaren Dose oder im Vorratsglas im Kühlschrank bis zu 5 Tage frisch.

1 Dose Kichererbsen (265 g Abtropfgewicht)
2 EL geschälte Hanfsamen
2 EL Lein- oder Rapsöl
3 EL Zitronensaft
2 TL Tahin (Sesampaste) oder Nussbutter
¼ TL gemahlener Kreuzkümmel
2 EL frisch gehacktes Basilikum
Salz
300 g Gemüse (z. B. Paprikaschoten, Möhren, Salatgurke, Staudensellerie etc.)
2 Scheiben Saaten-Knäcke

STRAMMER VEGGIE-MAX
MIT ERBSENQUARK UND TOMATEN

100 g TK-Erbsen
100 g Kichererbsen (gegart; aus der Dose oder aus dem Glas)
½ Bund Basilikum
100 g Magerquark
2 TL Zitronensaft
Salz | Pfeffer aus der Mühle
4 mittelgroße Tomaten
4 TL Olivenöl
2 TL Balsamico bianco
2 Eier (Größe M)
2 Scheiben Vollkornbrot mit ganzen Körnern (à 50 g)

Für 2 Portionen
Zubereitung: ca. 20 Min.
Pro Portion ca. 465 kcal, 28 g EW, 20 g F, 42 g KH

✦ Die Erbsen mit kochendem Wasser aus dem Wasserkocher übergießen und etwa 5 Minuten ziehen lassen. Die Kichererbsen in ein Sieb abgießen, kalt abbrausen und abtropfen lassen. Das Basilikum waschen, trocken schütteln, die Blätter von den Stielen zupfen und grob schneiden. Die Erbsen abgießen und abtropfen lassen.

✦ Erbsen, Kichererbsen, Quark, Zitronensaft und die Hälfte des Basilikums in einen Mixer geben und cremig pürieren. Den Aufstrich mit Salz und Pfeffer abschmecken.

✦ Die Tomaten waschen, trocken reiben und in dünne Scheiben schneiden. Mit 2 TL Öl und Essig beträufeln, mit Salz und Pfeffer würzen und mit dem übrigen Basilikum bestreuen.

✦ Das restliche Öl in einer kleinen Pfanne erhitzen. Die Eier darin zu Spiegeleiern braten, mit Salz und Pfeffer würzen. Die Brote nach Belieben toasten. Den Aufstrich darauf verteilen, je ein Spiegelei daraufsetzen und mit Tomatensalat servieren.

Blutzucker-Tipp

Den Salat am besten als Vorspeise essen. Die Ballaststoffe aus den Tomaten und der Essig sorgen dann dafür, dass der Blutzuckerspiegel anschließend weniger stark ansteigt.

Meal Prep

Der Erbsenquark lässt sich super vorbereiten und bleibt im Kühlschrank etwa 3 Tage frisch. Er schmeckt auch als Dip zu Knabbergemüse wie Möhrensticks oder Paprikastreifen.

OMELETT-TORTILLAWRAP MIT SCHINKEN UND SPINAT

Für 2 Portionen
Zubereitung: ca. 20 Min.
Pro Portion ca. 510 kcal, 27 g EW, 31 g F, 28 g KH

- 2 Eier (Größe M)
- Salz | Pfeffer aus der Mühle
- 2 TL Olivenöl
- 2 Möhren (ca. 200 g)
- ½ Bund Schnittlauch
- 100 g Doppelrahmfrischkäse
- 50 g Magerquark
- 50 g Baby-Spinat
- 2 Vollkorn-Tortillawraps (à 40 g)
- 4 Scheiben Kochschinken (à 15 g)

✦ Die Eier in eine Schüssel aufschlagen, salzen, pfeffern und verquirlen. 1 TL Öl in einer kleinen beschichteten Pfanne (ca. 18 cm Durchmesser) erhitzen. Die Hälfte der Eiermasse hineingeben und durch Schwenken der Pfanne dünn verteilen. Etwa 1 Minute stocken lassen, dann vorsichtig wenden und erneut 1 Minute stocken lassen. Auf einen Teller gleiten und abkühlen lassen. Aus der übrigen Eiermasse im übrigen Öl auf die gleiche Weise ein zweites Omelett zubereiten.

✦ Die Mohren putzen, schälen und grob raspeln. Den Schnittlauch waschen, trocken schütteln und in feine Röllchen schneiden. Frischkäse und Quark glatt rühren, Möhren und Schnittlauch unterrühren, mit Salz und Pfeffer abschmecken. Den Spinat verlesen, waschen und trocken schleudern.

✦ Die Tortillawraps in der Pfanne kurz aufbacken. Mit je einem Omelett und 2 Scheiben Schinken belegen. Die Frischkäsecreme darauf verteilen und verstreichen. Den Spinat daraufgeben und den Wrap fest aufrollen.

Blutzucker-Tipp

Vor dem Essen schluckweise ein Glas Wasser mit 1 EL Apfelessig trinken. Der Essig verringert den Blutzuckeranstieg durch die anschließende kohlenhydrathaltige Mahlzeit.

Weniger Carbs

Den Vollkorn-Wrap weglassen und nur das Omelett belegen und aufrollen.

SALAT-BOWL MIT BLAUBEEREN UND FETA

Für 2 Portionen
Zubereitung: ca. 20 Min.
Pro Portion ca. 585 kcal, 27 g EW, 46 g F, 19 g KH

- 100 g Blattsalatmischung mit Rucola
- ½ Salatgurke
- 100 g Blaubeeren
- 200 g Feta (Schafskäse)
- 2 EL Weißwein- oder Apfelessig
- ½ TL Senf
- ½ TL Ahornsirup
- Salz | Pfeffer aus der Mühle
- 3 EL Olivenöl
- 2 EL geröstete Kürbiskerne (nach Belieben)
- 2 Scheiben Saaten-Knäcke (siehe Seite 74)

✦ Den Salat verlesen, waschen, trocken schleudern und auf zwei große Schalen verteilen. Die Gurke putzen, waschen, längs halbieren und die Kerne mit einem Teelöffel herauskratzen. Das Fruchtfleisch in kleine Stücke schneiden oder hobeln. Die Beeren verlesen, waschen und trocken tupfen. Den Feta klein würfeln. Alles auf dem Salat verteilen.

✦ Für das Dressing Essig, Senf, Ahornsirup, Salz und Pfeffer verrühren. Dann das Öl nach und nach unterschlagen. Das Dressing abschmecken und über den Salat träufeln. Die Bowl nach Belieben mit Kürbiskernen bestreuen und mit Knäcke oder Brot servieren.

Blutzucker-Tipp

Der Essig im Salatdressing wirkt sich positiv auf den Blutzuckerspiegel aus: Studien zeigen, dass er Blutzuckerspitzen verhindern kann.

Meal Prep

Alle Zutaten für das Dressing am Vorabend in ein Schraubglas geben, das Glas verschließen, kräftig schütteln und das Dressing über Nacht kalt stellen. So steht der Salat morgens noch schneller auf dem Tisch. Wer mag, mixt gleich eine größere Menge für die ganze Woche. Im Kühlschrank bleibt das Dressing bis zu 5 Tage frisch.

GESUNDE BROTZEIT

Jede Menge Kerne, Samen und Nüsse machen dieses kohlenhydratarme Brot zu einem echten Kraftpaket. Es lässt sich prima auf Vorrat einfrieren und dann nach Bedarf scheibenweise im Toaster aufbacken. Ob herzhaft oder süß, als Hauptsache oder Beilage – dieses Brot passt einfach immer und ist ein super Sattmacher.

Zucchini-Eiweiß-Brot

500 g Zucchini
250 g Magerquark
4 Eier (Größe M)
170 g Mandelmehl
25 g geschroteter Leinsamen
50 g Haferflocken
1 Päckchen Backpulver
Salz
100 g gehackte Haselnüsse
2–3 EL Kürbiskerne und
1–2 TL Haferflocken zum Bestreuen
Fett und Mandelmehl für die Form

Für 1 Brot (ca. 16 Scheiben)
Zubereitung: 20 Minuten + 1 ½ Std. Backzeit
Pro Scheibe ca. 160 kcal, 8 g EW, 13 g F, 4 g KH

✦ Den Backofen auf 150 °C (125 °C Umluft) vorheizen. Eine Kastenform (25 cm Länge) gut einfetten und mit Mandelmehl ausstreuen.

✦ Die Zucchini putzen, waschen und grob raspeln. Die Raspel auf ein sauberes Küchentuch geben, das Tuch darüber zusammennehmen und eindrehen, sodass die Raspel gut ausgedrückt und möglichst trocken werden.

✦ Quark und Eier in eine Rührschüssel geben und verquirlen. Mandelmehl, Leinsamen, Haferflocken, Backpulver und 1 TL Salz dazugeben und unterrühren. Die Zucchiniraspel und Haselnüsse unterheben. Den Teig in die Kastenform geben, glatt streichen, mit Kürbiskernen und Haferflocken bestreuen.

✦ Das Brot im vorgeheizten Ofen auf der mittleren Schiene etwa 1½ Stunden backen. Eventuell am Ende mit Backpapier abdecken, damit es nicht zu dunkel wird. Das Brot aus dem Ofen nehmen, 10 bis 15 Minuten in der Form ruhen lassen, aus der Form stürzen und auskühlen lassen.

TIPP: Mandelmehl enthält im Unterschied zu gemahlenen Mandeln weniger Fett und kann deshalb gut Flüssigkeit aufsaugen – ideal für kohlenhydratarme Brote.

… und das schmeckt als Belag

- Avocado + Tomate + Sesam
- Quark + Kräuter + Gurkenscheiben
- Pesto + gekochtes Ei + Kresse
- Pesto + Mozzarella + Tomate
- Tomatenmark + Kochschinken + Essiggurke
- Doppelrahmfrischkäse + Mango + Kokosraspel
- Körniger Frischkäse + Erdbeerscheiben
- Sahnemeerrettich + Räucherlachs + Gurkenscheiben
- Tahin + Blaubeeren + Kakao-Nibs
- Mandelmus + hauchdünne Apfelspalten + Zimt

Blutzucker-Tipp

Quark, Gemüse, Mandelmehl, Nüsse und Saaten liefern viel Eiweiß und gute Fette, aber nur wenig Kohlenhydrate. So bleibt der Blutzuckerspiegel bei der Brotzeit niedrig.

Meal Prep

Das ausgekühlte Brot in Scheiben geschnitten einfrieren und bei Bedarf im Toaster aufbacken.

BROT-AUFSTRICHE

Ob zum Frühstück, zum Mittag- oder Abendessen: Diese Brotaufstriche passen immer! Außerdem halten sie mit viel Eiweiß, gesunden Fetten und Ballaststoffen, aber wenig schnellen Kohlenhydraten den Blutzuckerspiegel niedrig. Sie schmecken auf dem Brot von Seite 82, auf dem Knäcke von Seite 74, oder zu Vollkornbrot. Und das Beste: Sie lassen sich super auf Vorrat zubereiten, sodass schnell ein gesundes Essen auf dem Tisch steht.

Thunfisch-Avocado-Creme

Für 2 Portionen | Zubereitung: ca. 15 Min.
Pro Portion ca. 170 kcal, 10 g EW, 14 g F, 1 g KH

2 Frühlingszwiebeln
1 Dose Thunfisch naturell (150 g Abtropfgewicht)
1 reife Avocado
2 EL Magerquark
1–2 EL Zitronensaft
Salz | Pfeffer aus der Mühle

✦ Die Frühlingszwiebeln putzen, waschen und in schmale Ringe schneiden. Den Thunfisch in ein Sieb abgießen und gut abtropfen lassen.

✦ Avocado halbieren und den Stein entfernen. Das Fruchtfleisch aus der Schale lösen, mit Quark und Zitronensaft in einen Mixer geben und fein pürieren. Den Thunfisch und die Frühlingszwiebeln dazugeben und untermischen. Die Creme mit Salz und Pfeffer abschmecken.

Herzhafter Eiersalat

3 hart gekochte Eier
1 Bund Schnittlauch
½ Bund Radieschen
2 Stangen Staudensellerie
75 g Naturjoghurt
1 EL Mayonnaise
1 TL mittelscharfer Senf
Salz | Pfeffer aus der Mühle

Für 2 Portionen | Zubereitung: ca. 15 Min.
Pro Portion ca. 210 kcal, 14 g EW, 15 g F, 4 g KH

✦ Eier pellen, halbieren und klein würfeln. Den Schnittlauch waschen, trocken schütteln und in feine Röllchen schneiden. Radieschen putzen, waschen, trocken tupfen und klein würfeln. Radieschengrün, wenn es frisch ist, klein hacken. Den Staudensellerie putzen, waschen, entfädeln und in schmale Scheiben schneiden.

✦ Joghurt, Mayonnaise und Senf glatt rühren, mit Salz und Pfeffer würzen. Alle vorbereiteten Zutaten dazugeben und untermischen, mit Salz und Pfeffer abschmecken. Der Eiersalat passt übrigens auch gut zu Brat- oder Pellkartoffeln.

BROT-AUFSTRICHE

Paprika-Macadamia-Aufstrich

Für 4 Portionen | Zubereitung: ca. 15 Min.
Pro Portion ca. 185 kcal, 3 g EW, 18 g F, 2 g KH

100 g Macadamianusskerne (alternativ Cashewkerne)
145 g geröstete Paprika in Öl (aus dem Glas)
¼ TL Kreuzkümmel
¼ TL edelsüßes Paprikapulver
Salz | Pfeffer aus der Mühle

✦ Macadamianüsse mit 100 ml Wasser in einem Topf einmal aufkochen und dann etwa 5 Minuten sanft köcheln lassen. Vom Herd nehmen, abgießen und gut abtropfen lassen.

✦ Die Paprika abgießen und auf Küchenpapier gut abtropfen lassen. Mit Macadamianüssen, Kreuzkümmel, Paprikapulver, Salz und Pfeffer in einen Mixer geben und zu einer geschmeidigen Masse pürieren. Den Aufstrich mit Salz und Pfeffer abschmecken. Köstlich als Brotaufstrich, aber auch als Dip zu Bowls, Knabbergemüse und geröstetem Ofengemüse.

Chia-Beeren-Aufstrich

250 g gemischte Beeren (frisch oder TK; z. B. Himbeeren und Blaubeeren)
20 g Chiasamen
1 TL Vanilleessenz

Für 1 Glas (ca. 300 ml Inhalt)
Zubereitung: ca. 10 Min. + Wartezeit
Pro Portion (1 EL) ca. 10 kcal, 0 g EW, 0 g F, 0 g KH

✦ Frische Beeren verlesen, waschen und trocken tupfen.

✦ Beeren, Chiasamen und Vanille fein pürieren. Den Aufstrich in ein sauberes Schraubglas füllen und mindestens 2 Stunden kalt stellen, bis die Masse andickt.

✦ Der Aufstrich hält sich verschlossen im Kühlschrank etwa 1 Woche, eingefroren etwa 3 Monate. Er schmeckt nicht nur als Brotaufstrich zum Frühstück, sondern auch im Müsli bzw. unter Joghurt oder Quark gerührt als Dessert.

ROTE-BETE-CARPACCIO MIT FRISCHKÄSENOCKEN

200 g Ziegenfrischkäse
1 TL Senf
1 TL abgeriebene Bio-Orangenschale
Salz
½ Bund Schnittlauch
4 mittelgroße Rote Beten
4 EL Balsamico bianco
Pfeffer aus der Mühle
1 Tropfen Ahornsirup
4 EL Rapsöl
50 g geschälte Hanfsamen
100 g Feldsalat

Blutzucker-Tipp

Rote Bete enthält mehr Kohlenhydrate als andere wasserreichere Gemüsesorten wie Salatgurke oder Kohl. Aber keine Sorge: Zum einen enthält die Rübe auch Ballaststoffe, die den Blutzuckeranstieg durch die Kohlenhydrate verzögern. Außerdem sorgen reichlich Essig im Salatdressing sowie Eiweiß aus Frischkäse und Hanfsamen für einen langsamen Anstieg des Blutzuckers.

Für 2 Portionen
Zubereitung: ca. 20 Min.
Pro Portion ca. 555 kcal, 22 g EW, 44 g F, 16 g KH

✦ Den Ziegenfrischkäse mit Senf, Orangenschale und etwas Salz glatt rühren. Den Schnittlauch waschen, trocken schütteln und in feine Röllchen schneiden. Unter den Frischkäse heben. Die Masse in ein Schälchen füllen und in das Tiefkühlfach stellen, bis das Carpaccio fertig ist.

✦ Die Roten Beten schälen (dabei am besten Einweghandschuhe tragen) und auf einem Küchenhobel in sehr feine Scheiben hobeln. Rote-Bete-Scheiben dicht an dicht leicht fächerartig auf zwei Tellern auslegen.

✦ Für das Dressing den Essig mit Salz, Pfeffer und Ahornsirup verrühren. Das Öl nach und nach dazugießen und unterrühren. Die Hanfsamen in einer Pfanne ohne Fett rösten, bis sie duften, und herausnehmen. Den Feldsalat verlesen, waschen und trocken schleudern.

✦ Den Feldsalat jeweils auf die Mitte des Carpaccios geben und mit etwas Dressing beträufeln. Aus der Frischkäsemasse mithilfe von zwei Teelöffeln Nocken abstechen und auf dem Carpaccio anrichten. Alles mit Hanfsamen bestreuen. Das übrige Dressing dazu servieren.

VARIANTEN: Das Carpaccio schmeckt, je nach Saison und Geschmack, auch mit anderem Gemüse wie Kohlrabi, Möhren, Fenchel oder Zucchini.

ITALIENISCHER BROTSALAT
MIT PESTO-DRESSING

60 g Ciabatta oder Baguette (vom Vortag, am besten im Kühlschrank aufbewahrt)
1 Knoblauchzehe
3 EL Olivenöl
150 g Cocktailtomaten
1 kleine rote Zwiebel
½ Salatgurke
30 g schwarze Oliven (ohne Stein)
200 g Mozzarella
1 EL Pinienkerne
½ Bund Basilikum
1 EL Balsamico bianco
Salz | Pfeffer aus der Mühle

Blutzucker-Tipp

Wird das Brot im Kühlschrank aufbewahrt und dann in der Pfanne oder im Toaster aufgebacken, wird ein Teil der Kohlenhydrate in resistente Stärke umgewandelt. Die kann unser Körper nicht verwerten, weshalb das Brot den Blutzuckerspiegel weniger stark beeinflusst als ungeröstetes Brot. Der Essig im Dressing trägt ebenfalls dazu bei, dass der Salat eine blutzuckerfreundliche Mahlzeit ist.

Für 2 Portionen
Zubereitung: ca. 25 Min.
Pro Portion ca. 615 kcal, 25 g EW, 47 g F, 24 g KH

✦ Das Brot in 1 bis 2 cm große Würfel schneiden. Den Knoblauch schälen und fein hacken. 1 EL Öl in einer großen Pfanne erhitzen. Das Brot darin unter Rühren in etwa 5 Minuten goldbraun und knusprig braten. Zum Schluss den Knoblauch dazugeben und mitbraten. Alles in eine Salatschüssel füllen.

✦ Die Tomaten waschen und vierteln. Die Zwiebel schälen, halbieren und in sehr feine Scheiben hobeln oder schneiden. Die Gurke putzen, waschen und längs halbieren, die Kerne mit einem Teelöffel herauskratzen und das Fruchtfleisch in schmale Scheiben hobeln oder schneiden. Die Oliven abtropfen lassen. Mozzarella abtropfen lassen, trocken tupfen und klein würfeln.

✦ Für das Dressing die Pinienkerne in einer Pfanne ohne Fett unter Rühren rösten, bis sie duften. Sofort herausnehmen und abkühlen lassen. Das Basilikum waschen, trocken schütteln, die Blätter von den Stielen zupfen. Einige Blätter zum Garnieren beiseitelegen, die restlichen grob hacken. Pinienkerne und gehacktes Basilikum mit Essig, 2 EL Öl und 2 bis 3 EL Wasser fein pürieren. Das Pesto-Dressing mit Salz und Pfeffer abschmecken.

✦ Kurz vor dem Servieren alle vorbereiteten Zutaten zum Brot geben. Das Dressing darüberträufeln und alles mischen. Mit dem beiseitegelegten Basilikum garnieren.

NIZZA-SALAT
MIT THUNFISCH UND ARTISCHOCKEN

- 2 gegarte Pellkartoffeln (à ca. 100 g; vom Vortag, im Kühlschrank aufbewahrt)
- 1 EL + 5 TL Olivenöl
- Salz | Pfeffer aus der Mühle
- 200 g grüne TK-Bohnen
- 2 Tomaten
- 2 Frühlingszwiebeln
- 2 Mini-Römersalatherzen (ca. 250 g)
- 2 hart gekochte Eier (Größe M)
- 30 g schwarze Oliven
- 1 Dose eingelegte Artischockenherzen (210 g Abtropfgewicht)
- 1 Dose Thunfisch naturell (185 g Abtropfgewicht)
- 1 ½ TL Weißweinessig
- ½ TL Senf
- 2 EL gehackte Kräuter (frisch oder TK; z. B. Petersilie, Dill, Basilikum)

Blutzucker-Tipp

Die Kartoffeln unbedingt vorkochen. Beim Abkühlen im Kühlschrank entwickelt sich resistente Stärke, ein wertvoller Ballaststoff (siehe Seite 35).

Für 2 Portionen
Zubereitung: ca. 30 Min.
Pro Portion ca. 655 kcal, 37 g EW, 43 g F, 29 g KH

✦ Kartoffeln pellen und in etwa 1 cm große Würfel schneiden. 1 EL Öl in einer beschichteten Pfanne erhitzen. Die Kartoffelwürfel darin bei mittlerer Hitze unter Rühren in etwa 10 Minuten knusprig braten, mit Salz und Pfeffer würzen.

✦ Inzwischen die Bohnen nach Packungsanweisung in Salzwasser garen. Die Tomaten waschen, trocken tupfen und achteln. Frühlingszwiebeln putzen und waschen. Den weißen Teil in feine Würfel, den grünen in schmale Ringe schneiden. Den Salat putzen, waschen, trocken schleudern und in mundgerechte Stücke teilen oder schneiden.

✦ Die Eier pellen und achteln. Die Bohnen abgießen, kalt abschrecken und abtropfen lassen. Oliven und Artischocken abtropfen lassen. Artischocken kleiner schneiden. Den Thunfisch abgießen und gut abtropfen lassen.

✦ Für das Dressing Essig mit Senf, Salz und Pfeffer verrühren. 5 TL Öl und 2 bis 3 TL Wasser unterrühren. Abschmecken und die Kräuter untermischen. Alle vorbereiteten Salatzutaten in einer Schüssel anrichten. Das Dressing darüberträufeln. Die Kartoffel-Croûtons darauf verteilen. Sofort servieren.

VEGGIE-VARIANTEN: Den Thunfisch weglassen, stattdessen 4 Eier verwenden. Für eine vegane Variante die Eier und den Thunfisch durch 200 g gewürfelten und gebratenen Tofu ersetzen.

MANDEL-COUSCOUS MIT BLUMENKOHL UND ZIEGENKÄSE

60 g Mandeln (mit Haut)
250 g Blumenkohl
3 EL Olivenöl
4 EL Zitronensaft
Salz | Pfeffer aus der Mühle
je 1 Bund Petersilie und Minze
1 rote Paprikaschote
¼ Salatgurke
2 Frühlingszwiebeln
etwas gemahlener Kreuzkümmel
150 g runde Ziegenfrischkäsetaler

Für 2 Portionen
Zubereitung: ca. 25 Min.
Pro Portion ca. 550 kcal, 20 g EW, 42 g F, 23 g KH

✦ Die Mandeln in einem kleinen Topf ohne Fett anrösten, herausnehmen und hacken. Blumenkohl putzen, waschen, trocken tupfen, grob schneiden und im Blitzhacker oder mithilfe einer Küchenreibe auf Reiskorngröße zerkleinern. 1 EL Öl im Topf erhitzen und den Blumenkohl darin unter Rühren 1 bis 2 Minuten andünsten. 1 EL Zitronensaft und 2 EL Wasser untermischen, mit Salz und Pfeffer würzen und unter Rühren weitere 2 Minuten dünsten. In eine Schüssel füllen und abkühlen lassen.

✦ Die Kräuter waschen, trocken schütteln, die Blätter von den Stielen zupfen und fein hacken. Paprika längs halbieren, entkernen, waschen und klein würfeln. Die Gurke putzen, waschen, schälen, halbieren und die Kerne mit einem Teelöffel herauskratzen. Das Fruchtfleisch klein würfeln. Frühlingszwiebeln putzen, waschen und in schmale Ringe schneiden.

✦ Für das Dressing den übrigen Zitronensaft mit Salz, Pfeffer und Kreuzkümmel verrühren, dann das restliche Öl unterrühren. Alle vorbereiteten Zutaten mit dem Dressing mischen. Den Salat mit Salz und Pfeffer abschmecken und die Ziegenkäsetaler darauf verteilen.

Blutzucker-Tipp

Mandeln und Blumenkohl ersetzen bei dieser besonders blutzuckerfreundlichen Taboulé-Variante den kohlenhydratreichen Couscous.

Mehr Carbs

Zusätzlich noch 100 g gegarten Vollkorn-Couscous unter den Salat mischen. Auch mit mehr Kohlenhydraten bleibt der Blutzuckerspiegel dank Ballaststoffen und Säure im Dressing im grünen Bereich.

VORSPEISEN-SALATE

Am besten genießt du vor jeder Mahlzeit eine Portion Salat: Das füllt den Magen mit viel Wasser, verlangsamt die Verdauung und hat den positiven Effekt, dass der Blutzucker beim anschließenden Essen weniger stark ansteigt. Noch ein Plus: Die Extraportion Salat liefert jede Menge Vitalstoffe. Der Essig im Dressing sorgt außerdem dafür, dass die Blutzuckerkurve flacher bleibt, selbst wenn du danach Kohlenhydrate isst. Denn er blockiert die Aktivität von Enzymen für die Kohlenhydratverdauung. Dadurch wird ein Teil der im Hauptgang enthaltenen Stärke nicht aufgespalten und der Blutzuckerspiegel steigt weniger stark an.

Grüner Salat mit Tomaten-Vinaigrette

Für 2 Portionen | Zubereitung: ca. 15 Min.
Pro Portion ca. 160 kcal, 2 g EW, 16 g F, 4 g KH

1 kleine Schalotte
1 EL Weißweinessig
1 TL Balsamico bianco
100 g reife Tomaten
Salz | Pfeffer aus der Mühle
3 EL Olivenöl
150 g Blattsalat (z. B. Kopfsalat, Rucola, Endivie oder Fertigmischung aus dem Kühlregal)

✦ Die Schalotte schälen und fein würfeln. Mit beiden Essigsorten in einer Salatschüssel verrühren. Tomaten waschen und auf der groben Seite einer Haushaltsreibe zur Schalotte reiben, sodass nur noch die Haut übrig bleibt. Mit Salz und Pfeffer würzen. Das Öl dazugießen und unterrühren. Die Vinaigrette abschmecken.

✦ Den Salat putzen, waschen, trocken schleudern und in mundgerechte Stücke zupfen. Vor dem Servieren mit der Vinaigrette mischen.

Fenchelsalat mit Zitrone

2 kleine Fenchelknollen (à ca. 200 g)
1 Frühlingszwiebel
½ Bio-Zitrone
Salz | Pfeffer aus der Mühle
2 EL Olivenöl
1 EL geröstete Mandelstifte

Für 2 Portionen | Zubereitung: ca. 15 Min.
Pro Portion ca. 170 kcal, 4 g EW, 13 g F, 9 g KH

✦ Den Fenchel putzen, waschen und halbieren, den harten Strunk entfernen. Den Fenchel in sehr dünne Scheiben schneiden oder hobeln. Die Frühlingszwiebel putzen, waschen und klein schneiden.

✦ Für das Dressing die Zitrone heiß waschen und trocken reiben. Etwa ½ TL Schale fein abreiben und den Saft auspressen. Beides mit Salz und Pfeffer verrühren, dann das Öl unterrühren. Fenchel, Frühlingszwiebel und geröstete Mandelstifte untermischen. Den Salat mit Salz und Pfeffer abschmecken.

VORSPEISEN-SALATE

Spinatsalat mit Miso-Dressing

Für 2 Portionen | Zubereitung: ca. 15 Min.
Pro Portion ca. 130 kcal, 4 g EW, 12 g F, 2 g KH

150 g Baby-Spinat
25 g helle Misopaste
2 TL Apfelessig
1–2 Tropfen Ahornsirup
2 EL Olivenöl
Salz | Pfeffer aus der Mühle
1 TL geröstete Sesamsamen

✦ Den Spinat verlesen, waschen und trocken schleudern.

✦ Misopaste, Essig, Ahornsirup und Olivenöl mit 2 EL Wasser in einen Blitzhacker geben und zu einem Dressing mixen. Das Dressing mit Salz und Pfeffer abschmecken und vor dem Servieren über den Spinat träufeln. Mit dem Sesam bestreuen.

Rote-Bete-Möhren-Rohkost

150 g Rote Bete
150 g Möhren
1 EL Weißweinessig
2 EL Olivenöl
Salz | Pfeffer aus der Mühle
25 g geröstete Walnusskerne

Für 2 Portionen | Zubereitung: ca. 15 Min.
Pro Portion ca. 225 kcal, 4 g EW, 18 g F, 13 g KH

✦ Rote Bete und Möhren schälen, beides im Blitzhacker oder mit der Küchenreibe grob raspeln.

✦ Für das Dressing Essig, Öl, Salz und Pfeffer in ein Schraubglas geben, dieses verschließen und kräftig schütteln. Das Dressing mit dem Gemüse mischen und mit Salz und Pfeffer abschmecken.

✦ Die Nüsse grob hacken und vor dem Servieren auf den Salat streuen.

ERBSENSUPPE MIT GARNELEN UND MINZE

1 Zwiebel
1 Mini-Römersalat
2 EL Rapsöl
300 g TK-Erbsen
250 ml Gemüsebrühe
1 kleine Dose Kokosmilch (200 ml)
1 Knoblauchzehe
200 g Garnelen (küchenfertig)
Salz | Pfeffer aus der Mühle
3 Stiele Minze
Saft von ½ Zitrone

Blutzucker-Tipp

Fett zu einer Mahlzeit nimmt den Kohlenhydraten ihren Speed auf dem Weg ins Blut. Der Nährstoff selbst beeinflusst den Blutzuckerspiegel kaum, verzögert aber die Abgabe der Glukose aus kohlenhydratreichen Zutaten. Bei der Erbsensuppe wirken Kokosmilch und Rapsöl also quasi als Bremsklotz – und halten so den Blutzucker stabil.

Für 2 Portionen
Zubereitung: ca. 25 Min.
Pro Portion ca. 590 kcal, 33 g EW, 26 g F, 28 g KH

✦ Die Zwiebel schälen und fein würfeln. Den Salat putzen, waschen und in breite Streifen schneiden. 1 EL Öl in einem Topf erhitzen und die Zwiebel darin andünsten. Gefrorene Erbsen und Salat dazugeben, Brühe und Kokosmilch angießen und alles einmal aufkochen. Anschließend bei mittlerer Hitze etwa 10 Minuten köcheln lassen.

✦ Inzwischen den Knoblauch schälen und fein würfeln. Die Garnelen abbrausen und trocken tupfen. 1 EL Öl in einer Pfanne erhitzen und die Garnelen darin unter Rühren 3 bis 4 Minuten anbraten. Knoblauch dazugeben und mitbraten, mit Salz und Pfeffer würzen. Die Garnelen nach Belieben auf vier Holzspieße stecken.

✦ Die Minze waschen, trocken schütteln, die Blätter von den Stielen zupfen und – bis auf einige zum Garnieren – grob hacken. Gehackte Minze und Zitronensaft zur Suppe geben und alles fein pürieren. Die Suppe mit Salz und Pfeffer abschmecken und in Schalen oder tiefen Tellern anrichten. Mit der Minze garnieren und mit den Garnelenspießen servieren.

LINSENSUPPE
MIT HÄHNCHEN UND PAPRIKA

150 g Hähnchenbrustfilet
1 kleine Stange Lauch
1 rote Paprikaschote
1 EL Öl
Salz | Pfeffer aus der Mühle
1 TL getrockneter Oregano
50 g rote Linsen
1 Dose stückige Tomaten (400 g)
350 ml Gemüsebrühe
100 g Sahne
1–2 TL Zitronensaft
2 EL gehackte Petersilie

Blutzucker-Tipp

Linsen enthalten wie alle anderen Hülsenfrüchte neben langsam verdaulichen Kohlenhydraten auch reichlich Pflanzeneiweiß und wertvolle Ballaststoffe. Dieser Mix bremst die Verdauung und die Wirkung auf den Blutzuckerspiegel. Ideal für alle, die bei der Ernährung in Balance bleiben wollen.

Für 2 Portionen
Zubereitung: ca. 25 Min.
Pro Portion ca. 490 kcal, 32 g EW, 25 g F, 32 g KH

✦ Das Fleisch waschen, trocken tupfen und in kleine Würfel schneiden. Den Lauch putzen, längs halbieren, waschen und in schmale Scheiben schneiden. Die Paprika längs halbieren, entkernen, waschen und in kleine Würfel schneiden.

✦ Das Öl in einem Topf erhitzen und das Fleisch darin unter Rühren anbraten. Das Gemüse dazugeben und kurz mitbraten. Mit Salz und Pfeffer würzen. Oregano, Linsen, Tomaten und Brühe hinzufügen, alles aufkochen und dann zugedeckt etwa 12 Minuten köcheln lassen. Dabei ab und zu umrühren.

✦ Die Sahne zur Suppe geben, unterrühren und kurz erhitzen. Die Suppe mit Zitronensaft, Salz und Pfeffer abschmecken. Mit Petersilie bestreut anrichten.

VEGGIE-VARIANTEN: Die Suppe schmeckt auch vegetarisch mit gewürfeltem Paneer (indischer Frischkäse, aus dem Asialaden oder gut sortierten Supermarkt) oder vegan mit Tofu. Dafür Paneer und Tofu ebenfalls würfeln und wie das Hähnchenfleisch anbraten. Dann aber beiseitestellen und erst am Ende wieder zur Suppe geben.

Grüne Gemüsesuppe mit Ricottanocken

1 kleine Zwiebel
1 Knoblauchzehe
1 Zucchini
3 Stangen Staudensellerie
1 EL Olivenöl
Salz
4 Stiele Basilikum
200 g Ricotta (italienischer Frischkäse)
1 Eigelb (Größe M)
2 EL Mehl
1 Dose Cannellini-Bohnen (265 g Abtropfgewicht)
100 g TK-Erbsen
1–2 EL grünes Pesto (aus dem Glas)
Pfeffer aus der Mühle
Basilikum zum Garnieren (nach Belieben)

Für 2 Portionen
Zubereitung: ca. 30 Min.
Pro Portion ca. 415 kcal, 27 g EW, 20 g F, 30 g KH

✦ Die Zwiebel und den Knoblauch schälen und fein würfeln. Die Zucchini putzen, waschen und in kleine Würfel schneiden. Den Staudensellerie putzen, eventuell entfädeln, waschen und in etwa ½ cm breite Stücke schneiden. Das Öl in einem Topf erhitzen. Zwiebel, Knoblauch, Zucchini und Staudensellerie darin unter Rühren anbraten. ½ l Wasser dazugießen, einmal aufkochen und dann etwa 10 Minuten sanft köcheln lassen.

✦ Inzwischen für die Nocken Salzwasser in einem weiten Topf aufkochen. Die Hitze reduzieren, sodass das Wasser nur noch leicht siedet. Basilikum waschen, trocken schütteln und die Blätter von den Stielen zupfen. Ricotta mit Eigelb, Basilikum und ½ TL Salz pürieren. Das Mehl dazugeben und untermischen. Mithilfe von zwei Teelöffeln kleine Nocken aus der Masse abstechen und ins Wasser gleiten lassen. In etwa 10 Minuten bei schwacher Hitze gar ziehen lassen. Mit einem Schaumlöffel aus dem Wasser heben und abtropfen lassen.

✦ Die Bohnen aus der Dose abgießen und kalt abbrausen. Mit den gefrorenen Erbsen zur Suppe geben und alles weitere 5 Minuten köcheln lassen. Das Pesto unterrühren und die Suppe mit Salz und Pfeffer abschmecken. Die Nocken dazugeben und die Suppe mit Basilikum garniert servieren.

Varianten: Die Suppe lässt sich auch mit anderem Gemüse zubereiten – wie wäre es z. B. mit einer roten Variante mit Paprika, Tomaten und Möhren? Oder einer herbstlichen Variante mit Kürbis und Knollensellerie? Experimentier gern nach Lust und Laune, wichtig ist nur, dass die Gemüsemenge insgesamt gleich bleibt.

Blutzucker-Tipp

Der Mix aus viel Gemüse, eiweißreichen Ricottanocken und Hülsenfrüchten lässt den Blutzuckerspiegel nur sanft ansteigen. Das verspricht eine lange Sättigung.

SALAT-TACOS MIT TOMATENSALSA

Für 2 Portionen
Zubereitung: ca. 25 Min.
Pro Portion ca. 470 kcal, 25 g EW, 30 g F, 23 g KH

200 g Tofu
1 rote Paprikaschote
1 Zucchini
2 EL Öl
½ TL gemahlener Kreuzkümmel
½ TL Chilipulver
Salz | Pfeffer aus der Mühle
1 kleine Dose Kidneybohnen (125 g Abtropfgewicht)
2 Tomaten
1 kleine rote Zwiebel
3 TL Limettensaft
½ reife Avocado
2 Mini-Römersalate

✦ Den Tofu zwischen zwei Lagen Küchenpapier kräftig ausdrücken, sodass möglichst viel Flüssigkeit herausgepresst wird. Den Tofu in etwa 1 cm große Würfel schneiden. Die Paprika halbieren, entkernen, waschen und in kleine Würfel schneiden. Die Zucchini putzen, waschen und klein würfeln.

✦ In einer Pfanne 1 EL Öl erhitzen und den Tofu darin unter Rühren 6 bis 7 Minuten kräftig anbraten. Dabei mit einem Pfannenwender noch etwas zerstoßen. Die Paprika- und Zucchiniwürfel dazugeben und alles weitere 3 bis 4 Minuten braten. Mit Kreuzkümmel, Chilipulver, Salz und Pfeffer würzen. Die Kidneybohnen in ein Sieb abgießen, kalt abbrausen und abtropfen lassen. Unter die Tofu-Gemüse-Mischung rühren und kurz erwärmen.

✦ Für die Salsa Tomaten waschen, vierteln, entkernen, dabei die Stielansätze entfernen und die Tomaten klein würfeln. Die Zwiebel schälen und fein würfeln. 2 TL Limettensaft mit 1 EL Öl, Salz und Pfeffer verrühren. Tomaten und Zwiebel unterheben, mit Salz und Pfeffer abschmecken.

✦ Das Avocadofruchtfleisch aus der Schale lösen, sofort mit 1 TL Limettensaft beträufeln, mit einer Gabel zerdrücken und mit Salz würzen. Den Salat putzen, in einzelne Blätter teilen, waschen und trocken schleudern. Zum Servieren Salat, Tofu-Gemüse-Mischung, Avocadocreme und Salsa auf den Tisch stellen, sodass sich jeder selbst seine Salat-Tacos füllen kann.

Blutzucker-Tipp

Mit Salat als Tacoschalen wird dieses Gericht zum blutzuckerfreundlichen Vergnügen. Der hohe Wasseranteil und die Ballaststoffe im Salat füllen außerdem den Magen mit viel Volumen, aber nur wenig Kalorien und kaum blutzuckerwirksamen Kohlenhydraten.

Quinoa-Bowl mit Hummus-Dressing

2 Dosen Kichererbsen (à 240 g Abtropfgewicht)
1 Aubergine
4 EL Olivenöl
1 TL edelsüßes Paprikapulver
Salz | Pfeffer aus der Mühle
100 g Quinoa
150 g Cocktailtomaten
60 g Rucola
1 kleine Knoblauchzehe
1 EL Zitronensaft
1 EL griechischer Joghurt (oder vegane Alternative)
1 Msp. gemahlener Kreuzkümmel
2 EL gehackte Petersilie
1 EL geröstete Sesamsamen

Blutzucker-Tipp

Das Pseudogetreide Quinoa enthält im Gegensatz zu Dinkel oder Weizen neben Kohlenhydraten auch eine gute Portion Pflanzeneiweiß. Dadurch hat es einen weniger starken Einfluss auf den Blutzuckerspiegel als Beilagen auf Getreidebasis wie Nudeln oder Brot. Noch besser für den Blutzucker: Quinoa am Vorabend garen und abgedeckt kalt stellen.

Für 2 Portionen
Zubereitung: ca. 25 Min.
Pro Portion ca. 640 kcal, 22 g EW, 32 g F, 66 g KH

✦ Den Backofen auf 200 °C (180 °C Umluft) vorheizen. Ein Backblech mit Backpapier belegen. Die Kichererbsen in ein Sieb abgießen, kalt abbrausen und gut abtropfen lassen. Die Aubergine putzen, waschen und in etwa 2 cm große Würfel schneiden. 2 EL Öl mit Paprika, Salz und Pfeffer verrühren. Die Kichererbsen – bis auf 50 g für das Dressing – und die Aubergine untermischen. Den Mix auf dem Blech verteilen und im vorgeheizten Ofen etwa 20 Minuten rösten.

✦ Inzwischen die Quinoa in ein feines Sieb geben und unter heißem Wasser gründlich abbrausen. Nach Packungsanweisung in Salzwasser garen. Die Tomaten waschen und halbieren. Rucola verlesen, waschen, trocken schütteln und grob hacken.

✦ Knoblauch schälen und halbieren. Mit 50 g Kichererbsen, 2 EL Öl, Zitronensaft, Joghurt, 1 EL Wasser, Kreuzkümmel und Salz cremig pürieren. Nach Bedarf noch etwas Wasser untermixen, das Dressing mit Salz und Pfeffer würzen.

✦ Die Quinoa abgießen und in Schalen anrichten. Geröstete Kichererbsen-Auberginen-Mischung, Rucola und Tomaten darauf verteilen. Etwas Hummus-Dressing darüberträufeln und mit Petersilie und Sesamsamen bestreuen. Das übrige Dressing dazu servieren.

Varianten: Bowls sind perfekt, um Reste zu verwerten! Noch Ofengemüse übrig? Einfach statt der Aubergine verwenden. Eine Dose weiße Bohnen statt Kichererbsen im Haus? Klappt genauso gut. Und statt Tomaten schmecken auch andere rohe Gemüsesorten wie Radieschen, geraspelte Möhren, Gurkenscheiben oder Paprikastreifen.

GEMÜSE-TORTILLA MIT KRÄUTERN

Für 2 Portionen
Zubereitung: ca. 30 Min.
Pro Portion ca. 435 kcal, 28 g EW, 21 g F, 9 g KH

1 kleine Zwiebel
300 g Knollensellerie
100 g Möhre
2 EL Olivenöl
Salz | Pfeffer aus der Mühle
2 EL gemischte TK-Kräuter
30 g geriebener Parmesan
5 Eier (Größe M)

✦ Die Zwiebel schälen und fein würfeln. Sellerie und Möhre putzen, schälen und im Blitzhacker oder auf der groben Seite einer Haushaltsreibe grob raspeln.

✦ In einer ofenfesten Pfanne (24 cm Durchmesser) 1 EL Öl erhitzen und die Zwiebel darin unter Rühren kurz andünsten. Das Gemüse dazugeben und 2 bis 3 Minuten anbraten. Dann 2 EL Wasser hinzufügen und alles zugedeckt etwa 3 Minuten dünsten. Mit Salz und Pfeffer wurzen, gefrorene Kräuter und Parmesan untermischen. In eine Rührschüssel füllen und die Pfanne ausreiben.

✦ Den Backofengrill auf 220 °C vorheizen. Die Eier in eine Schüssel aufschlagen, mit Salz und Pfeffer verquirlen und unter das Gemüse heben. 1 EL Öl in der Pfanne erhitzen. Die Eiermasse hineingeben und 4 bis 5 Minuten bei mittlerer Hitze stocken lassen. Die Tortilla auf der zweiten Schiene von oben unter dem heißen Grill 4 bis 5 Minuten backen. Tortilla in Viertel schneiden und servieren. Dazu schmeckt Salat und nach Belieben 1 Scheibe Knäckebrot (siehe Seite 74).

Blutzucker-Tipp

Mit Gemüse statt Kartoffeln ist die Tortilla kohlenhydratarm und hält die Blutzuckerkurve schön flach.

Mehr Carbs

Die Tortilla mit gegarten Kartoffeln vom Vortag statt mit Gemüse zubereiten. Dafür die Kartoffeln grob reiben oder klein würfeln, in der Pfanne 2 bis 3 Minuten anbraten, würzen und mit Kräutern und Parmesan unter die Eiermasse heben.

SHAKSHUKA MIT KIDNEYBOHNEN UND MAIS

1 Zwiebel
1 Knoblauchzehe
1 Dose Kidneybohnen
(260 g Abtropfgewicht)
1 kleine Dose Mais
(140 g Abtropfgewicht)
2 EL Olivenöl
Salz | Pfeffer aus der Mühle
¼ TL gemahlener Kreuzkümmel
¼ TL Chilipulver
250 g passierte Tomaten
(aus dem Tetrapak)
4 Eier (Größe M)
2 EL Crème fraîche
1 TL Limettensaft
2 EL gehackte Petersilie

Für 2 Portionen
Zubereitung: ca. 25 Min.
Pro Portion ca. 510 kcal, 28 g EW, 30 g F, 28 g KH

✦ Zwiebel und Knoblauch schälen und klein würfeln. Die Bohnen in ein Sieb abgießen, kalt abbrausen und gut abtropfen lassen. Den Mais ebenfalls abgießen und abtropfen lassen.

✦ Das Öl in einer beschichteten Pfanne erhitzen. Zwiebel und Knoblauch darin kurz andünsten. Bohnen und Mais dazugeben und unter Rühren 3 bis 4 Minuten garen. Mit Salz, Pfeffer, Kreuzkümmel und Chilipulver würzen. Passierte Tomaten und 50 ml Wasser dazugeben, einmal aufkochen und dann etwa 10 Minuten köcheln lassen. Mit Salz und Pfeffer würzen.

✦ In die Masse vier Kuhlen drücken. Die Eier einzeln aufschlagen und in die Kuhlen gleiten lassen. Zugedeckt bei mittlerer Hitze etwa 7 Minuten garen, bis die Eier gestockt sind. Die Eier salzen. Die Crème fraîche mit dem Limettensaft glatt rühren und mit etwas Salz abschmecken. Die Shakshuka mit Petersilie bestreuen und mit der Limettencreme servieren.

Blutzucker-Tipp

Mais enthält mehr Zucker und Stärke als andere Gemüsesorten. Im Mix mit den Kidneybohnen und den Eiern beeinflusst er den Blutzuckerspiegel trotzdem nicht übermäßig. Denn beide wirken wie eine natürliche Bremse für die Aufnahme von Kohlenhydraten ins Blut.

Mehr Carbs

Noch 1 Scheibe Vollkornbrot mit ganzen Körnern pro Portion dazu servieren. Damit der Blutzuckerspiegel trotz Kohlenhydraten aus dem Brot möglichst flach bleibt, solltest du erst etwa die Hälfte der Shakshuka ohne Brot essen – so ist der Magen bereits mit Ballaststoffen und Eiweiß gefüllt. Dann den Rest mit Brot genießen, das traditionell übrigens in die Sauce getunkt wird.

SCHMORBOHNEN MIT FETA UND TOMATEN

Für 2 Portionen
Zubereitung: ca. 15 Min. + 15 Min. Garzeit
Pro Portion ca. 515 kcal, 29 g EW, 35 g F, 22 g KH

300 g grüne TK-Bohnen
Salz
1 Dose weiße Bohnen (250 g Abtropfgewicht)
250 g Cocktailtomaten
1 rote Zwiebel
2 Knoblauchzehen
3 EL Olivenöl
1 TL getrockneter Oregano
Pfeffer aus der Mühle
200 g Feta (Schafskäse)
1 TL Zitronensaft

✦ Den Backofen auf 200 °C (180 °C Umluft) vorheizen. Die grünen Bohnen in kochendem Salzwasser etwa 5 Minuten vorgaren, abgießen und abtropfen lassen. Die weißen Bohnen in ein Sieb abgießen, kalt abbrausen und abtropfen lassen. Die Tomaten waschen und trocken tupfen. Die Zwiebel und den Knoblauch schälen. Die Zwiebel halbieren und in schmale Spalten, den Knoblauch in feine Scheiben schneiden.

✦ Beide Bohnensorten, Tomaten, Zwiebel und Knoblauch mit Öl, 1 EL Wasser, Oregano, Salz und Pfeffer mischen. In einer flachen Auflaufform verteilen und den Feta darüberbröseln. Im vorgeheizten Ofen etwa 15 Minuten garen. Mit Zitronensaft beträufeln und servieren.

TIPP: Die Schmorbohnen schmecken auch als blutzuckerfreundliche Beilage zu gebratenem oder gegrilltem Fleisch oder Fisch.

Blutzucker-Tipp

Als Hülsenfrüchte gehören Bohnen, hier besonders die ausgereifte weiße Variante, zu den eiweißreicheren pflanzlichen Lebensmitteln. Außerdem punkten sie mit langsam verdaulichen Kohlenhydraten und Ballaststoffen – ein Mix, der sie zu tollen Sattmachern macht, die den Blutzucker nur moderat ansteigen lassen.

Meal Prep

Das Gericht schmeckt auch abgekühlt als Salat. Warum also nicht gleich die doppelte Menge zubereiten und am nächsten Tag als Lunch genießen?

Ratatouille mit Halloumi

Für 2 Portionen
Zubereitung: ca. 25 Min.
Pro Portion ca. 605 kcal, 36 g EW, 42 g F, 21 g KH

1 Zwiebel
1 Knoblauchzehe
1 Zucchini
1 Aubergine
1 gelbe Paprikaschote
2 EL Olivenöl
1 TL getrockneter Thymian
1 Dose stückige Tomaten (400 g)
Salz | Pfeffer aus der Mühle
200 g Halloumi

✦ Die Zwiebel und den Knoblauch schälen und fein würfeln. Zucchini und Aubergine putzen und waschen. Zucchini längs halbieren und in dünne Scheiben schneiden, die Aubergine klein würfeln. Paprika halbieren, entkernen, waschen und in schmale Streifen schneiden.

✦ In einem Topf 1 EL Öl erhitzen und die Zwiebel darin andünsten. Den Knoblauch und das Gemüse dazugeben und unter Rühren etwa 5 Minuten andünsten. Dann Thymian und Tomaten hinzufügen, gut unterrühren und mit Salz und Pfeffer würzen. Alles einmal aufkochen und dann bei mittlerer Hitze etwa 10 Minuten schmoren. Dabei ab und zu umrühren und bei Bedarf noch 1 Schuss Wasser dazugeben.

✦ Inzwischen den Halloumi in etwa 1 cm dicke Scheiben schneiden. 1 EL Öl in einer Grillpfanne oder beschichteten Pfanne erhitzen. Den Halloumi darin unter Wenden 4 bis 5 Minuten braten.

✦ Das Ratatouille mit Salz und Pfeffer abschmecken und mit dem Halloumi servieren.

Varianten: Statt Halloumi kann man auch einfach Feta über das fertige Ratatouille bröseln. Für eine vegane Version 250 g Tofu statt Halloumi in Scheiben schneiden und anbraten.

Blutzucker-Tipp

Mit einer guten Portion Eiweiß und Fett sorgt Halloumi dafür, dass die Blutzuckerkurve flach bleibt.

ZUCCHINI-CANNELLONI MIT SPINAT-RICOTTA

2 mittelgroße Zucchini (ca. 500 g)
100 g Baby-Spinat
4 Stiele Basilikum
250 g Ricotta
(italienischer Frischkäse)
Salz | Pfeffer aus der Mühle
frisch geriebene Muskatnuss
1 Dose stückige Tomaten (400 g)
1 TL getrockneter Oregano
2 Kugeln Mozzarella (à 125 g)

Blutzucker-Tipp

Mit Zucchini statt Nudelröhren und einer eiweißreichen Füllung werden die Cannelloni zu einem blutzuckerfreundlichen Genuss.

Für 2 Portionen
Zubereitung: ca. 20Min. + 20 Min. Backzeit
Pro Portion ca. 480 kcal, 42 g EW, 27 g F, 15 g KH

✦ Den Backofen auf 200 °C (180 °C Umluft) vorheizen. Die Zucchini waschen, trocken tupfen und die Enden abschneiden. Zucchini der Länge nach in etwa 2 mm dünne Scheiben schneiden. Spinat und Basilikum waschen, trocken schütteln und die Blätter klein hacken. Den Ricotta in einer Schüssel glatt rühren, Spinat und Basilikum unterrühren und mit Salz, Pfeffer und Muskatnuss würzen. Die Tomaten in einer zweiten Schüssel mit Salz, Pfeffer und Oregano würzen.

✦ Den Mozzarella abtropfen lassen, gut trocken tupfen und in Scheiben schneiden. Je 1 gehäuften TL Ricottamasse auf ein Ende jeder Zucchinischeibe geben. Die Scheiben aufrollen und dicht an dicht in eine flache Auflaufform setzen. Die Tomatensauce darübergießen, mit den Mozzarellascheiben belegen. Im vorgeheizten Ofen auf der mittleren Schiene etwa 20 Minuten backen. Dazu schmeckt ein Vorspeisensalat (siehe Seiten 96–99).

VARIANTE: Auch lecker: zur Abwechslung statt Zucchini Auberginen ververwenden. Dafür die Auberginenscheiben salzen, etwa 10 Minuten ziehen lassen und trocken tupfen. In einer Pfanne in etwas Olivenöl portionsweise je Seite 2 bis 3 Minuten anbraten. Die Auberginenscheiben kurz abkühlen lassen und dann wie im Rezept angegeben füllen.

RICOTTA-SPINAT-AUFLAUF MIT TOMATENSALAT

Für 2 Portionen
Zubereitung: ca. 30 Min.
Pro Portion ca. 460 kcal, 28 g EW, 34 g F, 10 g KH

- 250 g Ricotta
- 30 g geriebener Parmesan
- 2 Eier (Größe M)
- Salz | Pfeffer aus der Mühle
- frisch geriebene Muskatnuss
- 150 g TK-Blattspinat-Minis
- 250 g Cocktailtomaten
- 1 Frühlingszwiebel
- 2 Stiele Basilikum
- 1 TL Aceto balsamico
- 3 TL Olivenöl
- Fett für die Form

✦ Den Backofen auf 200 °C (180 °C Umluft) vorheizen. Ricotta, Parmesan und Eier glatt rühren. Mit Salz, Pfeffer und etwas Muskatnuss würzen. Eine flache Auflaufform (ca. 22 x 30 cm) dünn einfetten. Die Ricottamasse einfüllen und glatt streichen. Die gefrorenen Spinat-Minis gleichmäßig darauf verteilen und leicht hineindrücken. Im vorgeheizten Ofen auf der mittleren Schiene 20 bis 25 Minuten backen.

✦ Inzwischen die Tomaten waschen und halbieren. Die Frühlingszwiebel putzen, waschen und in feine Ringe schneiden. Das Basilikum waschen, trocken schütteln und die Blätter von den Stielen zupfen. Den Essig mit Salz und Pfeffer verrühren. Das Öl nach und nach dazugeben und unterschlagen. Tomaten, Frühlingszwiebel und Basilikum untermischen. Den Auflauf mit dem Salat und nach Belieben noch je 1 Scheibe Knäckebrot (siehe Seite 74) servieren.

TIPP: Augen auf beim Einkaufen: Während traditioneller Aceto balsamico durch natürliche Reifung ein mild-süßliches Aroma hat, werden billige Varianten und Crema balsamico durch zugesetzten Zucker aromatisiert. Deshalb darauf achten, dass der Essig mit dem Qualitätssiegel „geschützte geografische Angabe" gekennzeichnet ist.

Blutzucker-Tipp

Der eiweißreiche Mix aus Ricotta, Parmesan und Eiern hält den Blutzucker niedrig und sättigt besonders lange. So hat der Heißhunger bis zur nächsten Hauptmahlzeit garantiert keine Chance.

SPITZKOHLSTEAKS MIT HÜTTENKÄSE-TSATSIKI

1 Spitzkohl
3 EL Olivenöl
½ TL Gyros-Gewürzmischung
Salz | Pfeffer aus der Mühle
500 g gegarte Pellkartoffeln (vom Vortag)
1 kleine Zwiebel
1 TL getrockneter Oregano
½ Salatgurke
1 Becher körniger Frischkäse (200 g)
1 Knoblauchzehe

Blutzucker-Tipp

Hüttenkäse ist mit rund 13 g Eiweiß pro 100 g eine echte Eiweißbombe und ein guter Sattmacher. Zusammen mit den Bratkartoffeln aus gekochten Kartoffeln vom Vortag und den ballaststoffreichen Kohlsteaks bildet er ein echtes Dream-Team für eine flache Blutzuckerkurve.

Für 2 Portionen
Zubereitung: ca. 45 Min.
Pro Portion ca. 490 kcal, 23 g EW, 20 g F, 50 g KH

✦ Den Backofen auf 180 °C (160 °C Umluft) vorheizen und ein Backblech mit Backpapier belegen. Den Kohl putzen, aus der Mitte 4 etwa 2 cm dicke Scheiben schneiden und auf das Blech legen. 1 EL Öl mit Gyros-Gewürz, Salz und Pfeffer verrühren. Die Kohlscheiben damit einpinseln. Im vorgeheizten Ofen auf der mittleren Schiene etwa 40 Minuten backen.

✦ Inzwischen die Kartoffeln pellen und in Scheiben schneiden. Die Zwiebel schälen und fein würfeln. 2 EL Öl in einer großen Pfanne erhitzen. Kartoffelscheiben darin verteilen und unter Wenden etwa 12 Minuten goldbraun und knusprig braten. Dabei etwa 5 Minuten vor Ende der Garzeit die Zwiebel und den Oregano dazugeben und mitbraten. Die Bratkartoffeln mit Salz und Pfeffer würzen.

✦ Währenddessen die Gurke putzen, waschen, schälen und grob raspeln. In ein Sieb geben, abtropfen lassen, gut ausdrücken und unter den Hüttenkäse mischen. Den Knoblauch schälen und durch die Presse zum Hüttenkäse drücken. Mit Salz und Pfeffer abschmecken. Die Kohlsteaks mit Bratkartoffeln und Hüttenkäse-Tsatsiki servieren.

TIPP: Der übrige Kohl eignet sich prima für Cole Slaw. Dafür den Kohl in schmale Streifen schneiden. Mit 1 in schmale Streifen geschnittenen roten Zwiebel, ½ geraspeltem Apfel und einem Dressing aus 50 g Joghurt, 50 g Buttermilch, 1 EL Mayonnaise, 1–2 TL Apfelessig sowie Salz und Pfeffer mischen. Den Salat etwas durchziehen lassen. Er passt super zu gebratenem Fleisch, Geflügel, Eiern oder zu Brot.

Gemüsecurry mit Kokos-Tofu

Für 2 Portionen
Zubereitung: ca. 25 Min.
Pro Portion ca. 570 kcal, 26 g EW, 43 g F, 21 g KH

- 200 g Tofu natur
- Salz
- ca. 15 g Kokosraspel
- 1 kleine Zwiebel
- 1 haselnussgroßes Stück Ingwer
- 1 Aubergine
- 1 rote Paprikaschote
- 2 EL Öl
- 1–2 TL rote Thai-Currypaste
- 200 ml Gemüsebrühe
- 250 g TK-Brokkoli
- 1 kleine Dose ungesüßte Kokosmilch (165 ml)
- 1–2 TL Limettensaft
- 2 EL gehackter Koriander

✦ Den Tofu zwischen zwei Lagen Küchenpapier kräftig ausdrücken, sodass möglichst viel Flüssigkeit herausgepresst wird. Den Tofu dann in etwa 1 cm dicke Scheiben schneiden und salzen. Die Kokosraspel auf einen flachen Teller geben, die Tofuscheiben darin wälzen und beiseitestellen.

✦ Zwiebel und Ingwer schälen und fein würfeln. Aubergine und Paprika putzen, waschen und würfeln. 1 EL Öl in einer tiefen Pfanne erhitzen. Zwiebel und Ingwer darin kurz andünsten. Aubergine und Paprika dazugeben und kurz anbraten. Die Currypaste unterrühren und kurz andünsten. Die Brühe angießen und aufkochen. Brokkoli dazugeben und alles bei schwacher Hitze etwa 10 Minuten köcheln lassen.

✦ Inzwischen 1 EL Öl in einer zweiten Pfanne erhitzen. Den Tofu darin bei mittlerer Hitze pro Seite 2 bis 3 Minuten braten. Die Kokosmilch zum Currygemüse gießen und kurz köcheln lassen. Mit Salz und Limettensaft abschmecken. Mit Koriander bestreuen und mit dem Tofu servieren.

Blutzucker-Tipp

Für einen guten Sättigungseffekt und eine flache Blutzuckerkurve sollten Hauptgerichte idealerweise mindestens 20 g Eiweiß pro Portion enthalten, was bei veganen Gerichten oft nicht ganz einfach ist. Um das zu schaffen, ist Tofu, der aus eiweißreichen Sojabohnen hergestellt wird, eine gute Wahl!

Mehr Carbs

Am Vortag 150 g asiatische Reisnudeln oder 100 g Basmatireis garen, über Nacht kalt stellen und vor dem Essen im Topf oder in der Mikrowelle erwärmen (siehe resistente Stärke, Seite 35). Empfehlenswert: zunächst etwas Tofu und Gemüse und die Beilagen erst gegen Ende der Mahlzeit essen.

SALAT-BOWL-BAUKASTEN

Viel Volumen und jede Menge Vitalstoffe machen Salate zu leichten und gesunden Mahlzeiten. Je bunter, desto besser! Mit eiweißreichen Toppings, knackigen Extras und einem aromatischen Dressing wird der Mix zum leckeren Sattmacher. Mit diesem Baukasten kannst du dir nach Lust und Laune deine Lieblings-Salat-Bowl zusammenstellen.

PS: Die Bowls sind auch eine gute Möglichkeit, um Reste vom Vortag lecker zu verwerten. Beispielsweise übrig gebliebenes Ofengemüse, Fleisch oder Fisch sowie restliche Nudeln oder Kartoffeln.

Für 1 Portion
Zubereitung: ca. 20 Min.

Sattmacher-Salat-Bowl mit wenig Kohlenhydraten
Pro Portion (inkl. Dressing) ca. 390 kcal,
39 g EW, 22 g F, 8 g KH

Sattmacher-Salat-Bowl mit Extra-Kohlenhydraten
Pro Portion (inkl. Dressing) ca. 475 kcal,
39 g EW, 23 g F, 29 g KH

Blutzucker-Tipp

Bei Salat-Bowls mit Extra-Kohlenhydraten zuerst etwas Salat und Gemüse essen, dann etwas von den eiweißreichen Zutaten und erst danach auch die kohlenhydratreichen Zutaten genießen. Diese Reihenfolge garantiert, dass die Kohlenhydrate langsamer verarbeitet werden und der Blutzucker dadurch weniger stark ansteigt.

Start your Bowl ...

Basis

Pro Portion 100 g Blattsalat oder Blattsalatmischung (z. B. Kopfsalat, Rucola, Radicchio, Feldsalat, Baby-Spinat, Chicorée, Lollo rosso)

Gemüse

Pro Portion 125 g Gemüse nach Wunsch (z. B. Salatgurke, Tomaten, Fenchel, Möhren, Frühlingszwiebeln, Paprikaschote)

Eiweiß-Topping

Pro Portion 125 g Geflügelfilet, Rindersteak, Kochschinken oder Geflügelaufschnitt, Lachsfilet, Thunfisch aus der Dose, geräuchertes Forellen- oder Lachsfilet, 150 g weißes Fischfilet (z. B. Seelachs oder Kabeljau), 50 g Käse (z. B. Feta, Mozzarella, Halloumi oder Gouda), 150 g Tofu oder Seitan oder 2 Eier

Extras

Pro Portion 30 g Nüsse, Kerne, Saaten, Oliven oder Obst wie Him- oder Blaubeeren

Extra-Kohlenhydrate – nach Belieben hinzufügen

Pro Portion 1 Scheibe Brot oder Knäckebrot (z. B. siehe Seiten 74 und 82), 30 g vorgekochte und abgekühlte Nudeln- oder Hülsenfruchtnudeln oder vorgekochter, abgekühlter Reis, 1 vorgekochte, abgekühlte Kartoffel oder 50 g gegarte Hülsenfrüchte (z. B. Kichererbsen, Bohnen oder Linsen aus der Dose)

Dressing

1 Portion Dressing nach Wunsch

Senf-Vinaigrette

Für 4 Portionen 1 TL mittelscharfen Senf mit 1 EL Apfelessig, Salz und Pfeffer verquirlen. 3 EL Öl (z. B. Oliven-, Raps- oder Nussöl) nach und nach unterrühren. Nach Belieben mit gehackten Kräutern (frisch oder TK) verfeinern.

Pro Portion ca. 70 kcal, 0 g EW, 8 g F, 0 g KH

Cremiges Buttermilch-Dressing

Für 4 Portionen 200 g Buttermilch mit 75 g saurer Sahne (10 % Fett) und 2 EL Zitronensaft verrühren. Mit Salz und Pfeffer abschmecken. 2 EL gehackte Kräuter (frisch oder TK) unterrühren.

Pro Portion ca. 45 kcal, 2 g EW, 2 g F, 4 g KH

… guten Appetit!

Meal Prep

Die Dressingrezepte sind für 4 Portionen angegeben, weil man sie gut auf Vorrat machen kann. Dazu alle Zutaten in ein Schraubglas geben und kräftig schütteln. Im Kühlschrank sind sie etwa 5 Tage haltbar – so ist die Salat-Bowl fix fertig.

FISCHFILET MIT AVOCADO-PAPRIKA-SALAT

1 EL Fischsauce
1 TL Sojasauce
3–4 TL Limettensaft
1 EL Sesamöl
300 g weißes Fischfilet (z. B. Seelachs, Kabeljau, Rotbarsch)
Salz | Pfeffer aus der Mühle
½ TL Currypulver
1 EL Öl
1 reife Avocado (ca. 300 g)
1 rote Spitzpaprika
½ Salatgurke
2 Frühlingszwiebeln
1 Dose weiße Cannellini-Bohnen (265 g Abtropfgewicht)
2 EL gehackter Koriander

Für 2 Portionen
Zubereitung: ca. 20 Min.
Pro Portion ca. 540 kcal, 36 g EW, 32 g F, 27 g KH

✦ Fischsauce, Sojasauce, Limettensaft und Sesamöl zu einem Dressing verquirlen.

✦ Das Fischfilet trocken tupfen, mit Salz, Pfeffer und Curry würzen. Das Öl in einer beschichteten Pfanne erhitzen und den Fisch darin auf jeder Seite, je nach Dicke der Filets, 2 bis 4 Minuten braten.

✦ Inzwischen die Avocado halbieren, den Stein entfernen und die Avocado schälen. Die Avocadohälften in schmale Spalten schneiden und auf zwei Teller verteilen. Paprika und Gurke putzen, waschen und klein würfeln. Die Frühlingszwiebeln putzen, waschen und klein schneiden. Die Bohnen abgießen, kalt abbrausen und gut abtropfen lassen.

✦ Paprika, Gurke, Frühlingszwiebeln, Bohnen und Koriander mit dem Dressing mischen und auf den Avocadospalten verteilen. Den Fisch darauf anrichten.

Blutzucker-Tipp

Der Mix aus Eiweiß aus dem Fisch und den Bohnen, gesundem Fett aus der Avocado und dem Dressing sowie Ballaststoffen aus dem Gemüse und den Bohnen hält den Blutzuckerspiegel stabil und sorgt für lang anhaltende Sättigung.

Mehr Carbs

Natürlich kannst du dir auch eine Stärkebeilage wie Brot, Kartoffeln oder Reis dazu erlauben. Iss diese einfach zum Schluss oder geh nach dem Essen spazieren. Oder gönn dir die Beilagen immer an Tagen, an denen du dich mehr bewegst – so hat der Zucker keine Chance, länger als nötig im Blut zu verweilen.

SESAM-LACHS MIT TOMATEN-MANGO-SALSA

Für 2 Portionen
Zubereitung: ca. 20 Min.
Pro Portion ca. 530 kcal, 33 g EW, 35 g F, 21 g KH

✦ Die Tomaten waschen, trocken tupfen und vierteln. Die Mango schälen, das Fruchtfleisch zuerst vom Stein und dann in kleine Würfel schneiden. Die Frühlingszwiebeln putzen, waschen und in feine Ringe schneiden. Das Avocadofruchtfleisch aus der Schale lösen und würfeln. Koriander waschen, trocken schütteln und samt feiner Stiele hacken. Den Limettensaft mit 1 Prise Zucker, Salz und Pfeffer verrühren, dann 1 EL Öl unterrühren. Tomaten, Mango, Frühlingszwiebeln, Avocado und Koriander untermischen.

✦ Den Lachs auf der Fleischseite salzen und mit Wasabi bestreichen. Sesam auf einen flachen Teller geben und den Lachs mit der bestrichenen Seite hineindrücken. 1 EL Öl in einer beschichteten Pfanne erhitzen. Den Lachs darin zuerst auf der Hautseite bei mittlerer Hitze etwa 5 Minuten braten. Anschließend wenden und weitere 2 bis 3 Minuten braten. Den Lachs mit der Salsa servieren.

150 g Cocktailtomaten
1 kleine reife Mango
2 Frühlingszwiebeln
½ reife Avocado
½ Bund Koriander
2 EL Limettensaft
Zucker
Salz | Pfeffer aus der Mühle
2 EL Öl
2 Lachsfilets mit Haut (à ca. 150 g; nicht zu dick)
1 TL Wasabipaste (grüner japanischer Meerrettich)
ca. 2 EL geschälte Sesamsamen

Blutzucker-Tipp

Bitte gut kauen: Wissenschaftler konnten in einigen Studien zeigen, dass gründliches Kauen eine potenzielle Strategie gegen Blutzuckerspitzen sein könnte. Denn dadurch wird die Insulinausschüttung gleich zu Beginn der Mahlzeit angeregt und hohe Blutzuckerausschläge werden verhindert.

Mehr Carbs

Pro Portion 50 g Quinoa nach Packungsanweisung garen, abgießen und abkühlen lassen. Unter die Salsa mischen und als Salat zum gebratenen Lachs servieren.

ZITRONEN-LACHS MIT ERBSENPÜREE

4 Stiele Basilikum
25 ml Olivenöl
Salz
2 Lachsfilets ohne Haut (à ca. 150 g)
Pfeffer aus der Mühle
1 Bio-Zitrone
300 g TK-Erbsen
70 g Doppelrahmfrischkäse
frisch geriebene Muskatnuss

Blutzucker-Tipp

Püree aus Gemüse statt Kartoffeln hält die Blutzuckerkurve schön flach. Auch anderes stärkearmes Gemüse wie Möhren, Knollensellerie, Blumenkohl oder Brokkoli lässt sich auf diese Weise zu Püree verarbeiten.

Für 2 Portionen
Zubereitung: ca. 25 Min.
Pro Portion ca. 550 kcal, 42 g EW, 32 g F, 22 g KH

✦ Das Basilikum waschen, trocken tupfen, die Blätter von den Stielen zupfen. Basilikumblätter mit Öl und etwas Salz im Blitzhacker oder mit dem Stabmixer pürieren.

✦ Den Lachs trocken tupfen, mit Salz und Pfeffer würzen und auf einen Dämpfeinsatz legen. Zitrone heiß waschen und trocken reiben. Die Enden der Zitrone großzügig abschneiden und beiseitelegen. Übrige Zitrone in dünne Scheiben schneiden und den Lachs damit belegen. Einen Topf eine Handbreit mit Wasser füllen und den Dämpfeinsatz einsetzen. Den Topf verschließen und den Lachs etwa 15 Minuten dämpfen.

✦ Inzwischen die gefrorenen Erbsen in kochendem Salzwasser nach Packungsanweisung garen. Danach abgießen, gut abtropfen lassen und in den Topf zurückgeben. Frischkäse, etwas Salz und Muskatnuss dazugeben und alles mit dem Stabmixer pürieren oder mit einem Kartoffelstampfer grob zerdrücken. Den Saft aus den Zitronenenden pressen. Das Püree mit Zitronensaft und eventuell noch Salz abschmecken. Den Lachs mit dem Erbsenpüree anrichten und mit etwas Basilikumöl beträufeln.

Tipp: Das Püree schmeckt auch zu gebratenem Fleisch oder Geflügel, zu Spiegeleiern oder gebratenem Tofu.

BLUMENKOHLREIS MIT GARNELEN

200 g TK-Garnelen (roh; küchenfertig)
500 g Blumenkohl
2 EL Öl
2 Frühlingszwiebeln
1 Knoblauchzehe
1 haselnussgroßes Stück Ingwer
2 rote Spitzpaprika
1 grüne Chilischote
1 TL Currypulver
100 g TK-Erbsen
Salz | Pfeffer aus der Mühle
2 EL gehackter Koriander

Für 2 Portionen
Zubereitung: ca. 25 Min.
Pro Portion ca. 335 kcal, 32 g EW, 13 g F, 21 g KH

✦ Die Garnelen bei Zimmertemperatur antauen lassen. Inzwischen den Blumenkohl putzen, waschen, abtropfen lassen und in Röschen teilen. Den Blumenkohl im Blitzhacker oder auf einer Küchenreibe auf Reisgröße zerkleinern. Mit 1 EL Öl in eine Schüssel geben und gut durchkneten.

✦ Frühlingszwiebeln putzen, waschen und klein schneiden. Den Knoblauch und Ingwer schälen und fein würfeln. Die Paprika längs halbieren, entkernen, waschen und in 1 bis 2 cm große Würfel schneiden. Die Chilischote längs halbieren, entkernen, waschen und in schmale Ringe schneiden.

✦ In einer großen beschichteten Pfanne 1 EL Öl erhitzen und den Blumenkohl darin unter Rühren etwa 5 Minuten bei starker Hitze anbraten, das Currypulver unterrühren. Frühlingszwiebeln, Knoblauch, Ingwer, Paprika, Chili und gefrorene Erbsen dazugeben und unter Rühren weitere 3 Minuten braten. Mit Salz und Pfeffer würzen.

✦ Den Blumenkohlreis in der Pfanne zur Seite schieben. Die Garnelen in die Pfanne geben und unter Wenden 3 bis 4 Minuten braten. Mit Salz und Pfeffer würzen, unter den Blumenkohlreis mischen. Mit Koriander bestreut servieren.

VEGGIE-VARIANTEN: Statt Garnelen Spiegeleier oder für eine vegane Version gewürfelten Tofu oder Tempeh braten und unter den Blumenkohlreis mischen.

Blutzucker-Tipp

Blumenkohl ist zerkleinert und gebraten eine tolle blutzuckerfreundliche Alternative für Reis. Der Blumenkohl-„Reis“ eignet sich nicht nur für Reispfannen, sonder schmeckt auch als gesunde Beilage zu anderen Gerichten. Den Blumenkohl dazu wie hier im Rezept beschrieben zerkleinern, mit Öl verkneten, in einer Pfanne anbraten und nach Belieben mit Salz, Gewürzen und Kräutern verfeinern.

NUDELSALAT BASISREZEPT

Pastaliebe ohne Reue! Durch das Kochen und Abkühlen der Nudeln verwandelt sich ein Teil ihrer blutzuckerwirksamen Kohlenhydrate in resistente Stärke. Das senkt die Wirkung der Nudeln auf den Blutzuckerspiegel deutlich. Denn die ballaststoffartige Stärke kann vom Körper nicht verarbeitet werden und dient zudem noch den gesunden Darmbakterien als Futter. Gleich mehrere gute Gründe also, Nudeln öfter mal als Salat zu genießen. Außerdem lässt sich die Basis gut vorbereiten und nach Lust und Laune abwandeln – so kommen weder Stress noch Langeweile auf.

150 g kurze Nudeln (z. B. Penne)
Salz
100 g Crème fraîche
50 g Buttermilch
1 EL Apfelessig
Pfeffer aus der Mühle
2 Frühlingszwiebeln

Blutzucker-Tipp

Die Nudeln unbedingt nur bissfest und nicht weich kochen! So wird die Stärke nicht so schnell aufgeschlossen, wodurch die Blutzuckerkurve flacher bleibt.

Für 2 Portionen
Zubereitung: ca. 20 Min.
Pro Portion ca. 420 kcal, 12 g EW, 16 g F, 56 g KH

✦ Die Nudeln in kochendem Salzwasser nach Packungsanweisung bissfest garen.

✦ Inzwischen für das Dressing Crème fraîche, Buttermilch und Apfelessig glatt rühren. Mit Salz und Pfeffer kräftig abschmecken. Die Frühlingszwiebeln putzen und waschen. Den weißen Teil sehr fein schneiden und unter das Dressing rühren. Den grünen Teil in feine Ringe schneiden.

✦ Die Nudeln abgießen, kalt abschrecken und gut abtropfen lassen. Noch warm unter das Dressing mischen und abkühlen lassen. Zum Servieren mit Frühlingszwiebelringen bestreuen.

TIPP: Der Salat lässt sich super vorbereiten und bleibt abgedeckt im Kühlschrank bis zu 3 Tage frisch. Es lohnt sich also, gleich die doppelte Menge zuzubereiten und jeden Tag neu zu verfeinern (siehe nächste Doppelseite). Der Salat lässt sich auch gut mitnehmen, z. B. für die Mittagspause. Steht der Salat länger, saugen die Nudeln das Dressing auf und er kann etwas trocken werden. Dann einfach noch 1 Schuss Buttermilch untermischen.

IMMER WIEDER ANDERS: VIER NUDELSALAT-VARIANTEN

... mit Tomaten, Mozzarella und Rucola

Für 2 Portionen | Zubereitung: ca. 20 Min.
Pro Portion ca. 625 kcal, 22 g EW, 30 g F, 60 g KH

200 g Cocktailtomaten
50 g Rucola
1 Packung Mozzarella (125 g)
3 Stiele Basilikum
1 EL grünes Pesto (aus dem Glas)
1 Rezept Basis-Nudelsalat

✦ Die Tomaten waschen, trocken tupfen und halbieren. Den Rucola verlesen, waschen und trocken schleudern. Grobe Stiele entfernen und die Blätter grob hacken. Den Mozzarella abtropfen lassen und würfeln. Das Basilikum waschen, trocken schütteln, die Blätter von den Stielen zupfen und fein schneiden. Das Pesto unter den Nudelsalat rühren und alle vorbereiteten Zutaten unterheben.

... mit Räucherlachs, Kapern und Gurke

Für 2 Portionen | Zubereitung: ca. 20 Min.
Pro Portion ca. 515 kcal, 23 g EW, 20 g F, 60 g KH

½ Salatgurke
1 kleines Glas Kapern (60 g Abtropfgewicht)
100 g Räucherlachs
½ Bund Dill
2 TL geriebener Meerrettich (aus dem Glas)
1 Rezept Basis-Nudelsalat

✦ Die Gurke putzen, waschen oder nach Belieben schälen, längs halbieren und die Kerne mit einem Teelöffel herauskratzen. Die Kapern abgießen und abtropfen lassen. Den Lachs in schmale Streifen schneiden. Den Dill waschen, trocken schütteln, die Spitzen abzupfen und fein schneiden. Den Meerrettich unter den Nudelsalat rühren und alle vorbereiteten Zutaten unterheben.

… mit Ei und Radieschen

Für 2 Portionen | Zubereitung: ca. 20 Min.
Pro Portion ca. 525 kcal, 21 g EW, 23 g F, 58 g KH

- 2 hart gekochte Eier
- 1 Bund Radieschen (möglichst mit frischem Grün)
- 1 Beet Kresse
- 1 Rezept Basis-Nudelsalat

✦ Die Eier pellen und klein schneiden. Die Radieschen putzen und waschen. Die Radieschen in feine Scheiben schneiden oder hobeln, das Grün waschen, trocken schütteln und klein hacken. Die Kresse vom Beet schneiden, waschen und trocken tupfen. Alle vorbereiteten Zutaten unter den Nudelsalat heben.

… mit Edamame, Paprika und Mango

Für 2 Portionen | Zubereitung: ca. 20 Min.
Pro Portion ca. 585 kcal, 24 g EW, 22 g F, 71 g KH

- 150 g TK-Edamame (grüne Sojabohnen)
- 1 rote Paprikaschote
- ½ Mango
- 5 Stiele Koriander
- 1 Rezept Basis-Nudelsalat

✦ Edamame nach Packungsanweisung auftauen, abgießen und abtropfen lassen. Die Paprika längs halbieren, entkernen, waschen und in kleine Würfel schneiden. Die Mango schälen, das Fruchtfleisch zuerst vom Stein und dann in kleine Würfel schneiden. Den Koriander waschen, trocken schütteln und samt feiner Stiele hacken. Alle vorbereiteten Zutaten unter den Nudelsalat heben.

HÜLSENFRUCHTNUDELN MIT BROKKOLIPESTO UND HÄHNCHEN

150 g TK-Brokkoliröschen
Salz
25 g Mandeln (ohne Haut)
5 Stiele Basilikum
1 kleine Knoblauchzehe (nach Belieben)
200 g Hähnchenbrustfilet
3 EL Olivenöl
Pfeffer aus der Mühle
150 g Hülsenfruchtnudeln (z. B. Linsen-Spaghetti oder Kichererbsen-Spirelli)
20 g geriebener Parmesan
1 EL Zitronensaft
Parmesan zum Bestreuen und Basilikum zum Garnieren (nach Belieben)

Blutzucker-Tipp

Nudeln aus Hülsenfrüchten sind ideal für eine flache Blutzuckerkurve. Wer aber lieber Getreidenudeln mag, der solllte Spaghetti nehmen. Eine Studie hat nämlich gezeigt, dass lange Nudeln den Blutzuckerspiegel weniger stark beeinflussen als kurze.

Für 2 Portionen
Zubereitung: ca. 25 Min.
Pro Portion ca. 630 kcal, 53 g EW, 27 g F, 42 g KH

✦ Brokkoli in kochendem Salzwasser nach Packungsanweisung garen. Die Mandeln in einer Pfanne ohne Fett rösten, bis sie duften. Das Basilikum waschen, trocken schütteln, die Blätter von den Stielen zupfen. Nach Belieben den Knoblauch schälen und halbieren. Den Brokkoli abgießen, abtropfen lassen und etwas abkühlen lassen.

✦ Das Fleisch trocken tupfen und in etwa 2 cm große Würfel schneiden. 1 EL Öl in einer Pfanne erhitzen, das Fleisch darin unter Wenden 7 bis 8 Minuten kräftig anbraten. Mit Salz und Pfeffer würzen. Währenddessen die Hülsenfruchtnudeln nach Packungsanweisung in kochendem Salzwasser garen.

✦ Für das Pesto Brokkoli mit Mandeln, Basilikum, Knoblauch, Salz, Pfeffer, Parmesan, Zitronensaft und 2 EL Öl in einen Mixer, Blitzhacker oder hohen Rührbecher geben und cremig pürieren, dabei noch 1 bis 2 EL Nudelkochwasser untermixen. Das Pesto mit Salz und Pfeffer abschmecken.

✦ Die Nudeln abgießen, abtropfen lassen und mit der Hälfte des Pestos mischen. Die Hähnchenwürfel unterrühren. Nach Belieben mit Käse bestreuen und mit Basilikum garnieren. Das restliche Pesto dazu servieren.

TIPP: Es ist Pesto übrig geblieben? Dann den Rest einfach in ein Schraubglas füllen und im Kühlschrank aufbewahren. So hält sich das Pesto einige Tage.

HÄHNCHEN MIT OFENGEMÜSE UND REIS

Für 2 Portionen
Zubereitung: ca. 35 Min. + Abkühlzeit für den Reis
Pro Portion ca. 555 kcal, 46 g EW, 19 g F, 49 g KH

100 g Langkornreis
Salz
1 Zucchini (ca. 250 g)
1 gelbe Paprikaschote
125 g Cocktailtomaten
1 EL Olivenöl
Pfeffer aus der Mühle
1 TL getrockneter Thymian
250 g Hähnchenbrustfilet
2 EL Ajvar (pikante Paprikapaste)
100 g Feta (Schafskäse)

✦ Am Vortag oder einige Stunden vor dem Essen den Reis nach Packungsanweisung in Salzwasser garen. Anschließend abkühlen lassen und abgedeckt kalt stellen.

✦ Den Backofen auf 200 °C (180 °C Umluft) vorheizen. Zucchini putzen, waschen, längs halbieren und in schmale Scheiben schneiden. Paprika halbieren, entkernen, waschen und würfeln. Tomaten waschen und trocken tupfen. Das Gemüse mit Öl, Salz, Pfeffer und Thymian in einer großen Auflaufform mischen.

✦ Das Fleisch trocken tupfen und auf dem Gemüse verteilen. Mit Salz und Pfeffer würzen. Das Fleisch mit Ajvar bestreichen und den Feta darüberbröseln. Im vorgeheizten Ofen auf der mittleren Schiene 20 bis 25 Minuten garen.

✦ Inzwischen den Reis in einem Topf mit wenig Wasser oder in der Mikrowelle aufwärmen. Hähnchen mit Ofengemüse und Reis servieren.

Blutzucker-Tipp

Abgekühlter Reis lässt den Blutzuckerspiegel weniger stark ansteigen als frisch gekochter. Denn beim Abkühlen entsteht aus einem Teil der Kohlenhydrate resistente Stärke, die der Körper nicht verwerten kann. Dieser Effekt bleibt auch bestehen, wenn der Reis wieder aufgewärmt wird.

Meal Prep

Es lohnt sich, ein bisschen vorzuplanen und Reis vorzukochen. Besonders praktisch: mehrere Portionen kochen, einfrieren und bei Bedarf auftauen. Tiefgekühlter Reis ist mindestens 3 Monate haltbar – und man hat immer eine blutzuckerfreundliche Beilage zur Hand.

Scharfe Hackbällchen auf Spinat-Linsen

150 g mageres Rinderhack
2 EL Paniermehl
80 g Magerquark
1 Eigelb (Größe M)
1 TL Harissa (nordafrikanische Würzpaste; alternativ Tomatenmark)
Salz | Pfeffer aus der Mühle
2 TL Olivenöl
1 kleine Zwiebel
200 g junger Spinat
100 g geschälte rote Linsen
50 g Crème fraîche
1 TL abgeriebene Bio-Zitronenschale
1–2 TL Zitronensaft

Blutzucker-Tipp

Im Gegensatz zu kohlenhydratlastigen Beilagen wie Reis, Nudeln, Kartoffeln oder Brot enthalten Hülsenfrüchte neben Kohlenhydraten auch pflanzliches Eiweiß und Ballaststoffe. Das behindert die Kohlenhydrate auf dem Weg ins Blut und bremst den Blutzuckeranstieg – und das nicht nur direkt nach der ersten Mahlzeit. Es kann sogar die Blutzuckerwirkung der nächsten Mahlzeit verbessern.

Für 2 Portionen
Zubereitung: ca. 25 Min.
Pro Portion ca. 525 kcal, 38 g EW, 27 g F, 31 g KH

✦ Das Hackfleisch mit Paniermehl, Quark, Eigelb, Harissa, Salz und Pfeffer zu einer glatten Masse verkneten. Aus der Masse mit angefeuchteten Händen etwa walnussgroße Hackbällchen formen. 1 TL Öl in einer beschichteten Pfanne erhitzen und die Hackbällchen darin unter Wenden 8 bis 10 Minuten braten.

✦ Inzwischen für die Linsen die Zwiebel schälen und fein würfeln. Den Spinat verlesen, waschen und trocken schleudern. 1 TL Öl in einer zweiten Pfanne erhitzen und die Zwiebel darin andünsten. Die Linsen dazugeben und unter Rühren kurz mitdünsten. 400 ml Wasser angießen, alles aufkochen und dann bei mittlerer Hitze etwa 10 Minuten köcheln lassen. Dabei ab und zu umrühren. Den Spinat hinzufügen und etwa 2 Minuten mitgaren, bis er zusammengefallen ist.

✦ Zuletzt die Crème fraîche und die Zitronenschale unterrühren, die Spinat-Linsen mit Salz, Pfeffer und Zitronensaft abschmecken. Die Hackbällchen mit den Linsen servieren.

Tipp: Die Spinat-Linsen sind auch eine tolle blutzuckerfreundliche Beilage zu Spiegeleiern, gebratenem Tofu, Grillkäse, gebratenem Hähnchenfilet, Fleisch oder Fisch.

RUMPSTEAK MIT ÜBERBACKENEM LAUCH

2 dicke Stangen Lauch
125 ml Gemüsebrühe
2 EL Olivenöl
Salz | Pfeffer aus der Mühle
50 g geriebener Parmesan
10 g Butter
2 Rumpsteaks (à 150 g)
1 Knoblauchzehe
1 getrocknete rote Chilischote

Für 2 Portionen
Zubereitung: ca. 45 Min.
Pro Portion ca. 520 kcal, 49 g EW, 31 g F, 11 g KH

✦ Den Backofen auf 200 °C (180 °C Umluft) vorheizen. Eine flache Auflaufform (ca. 25 x 15 cm; 1,2 l Inhalt) einfetten.

✦ Den Lauch putzen und gründlich waschen. Die Stangen zuerst längs, dann quer halbieren, sodass 8 Stücke entstehen. Die Lauchstücke dicht an dicht mit den Schnittflächen nach oben in die Form legen. Die Brühe angießen und 1 EL Öl darüberträufeln. Mit Salz und Pfeffer würzen. Den Lauch mit Parmesan bestreuen und die Butter in Flöckchen darauf verteilen. Im vorgeheizten Ofen auf der mittleren Schiene etwa 35 Minuten garen.

✦ Etwa 15 Minuten vor Ende der Garzeit die Steaks trocken tupfen, mit Salz und Pfeffer würzen. Die Knoblauchzehe mit einem Messerrücken andrücken. In einer Pfanne 1 EL Öl mit Knoblauch und Chilischote erhitzen. Die Steaks darin auf jeder Seite etwa 1 Minute kräftig anbraten. Dann pro Seite 2 bis 3 Minuten weiterbraten (medium). In Alufolie wickeln und kurz ruhen lassen. Die Steaks mit dem Lauch servieren.

Blutzucker-Tipp

Das Duo Fleisch und Gemüse liefert viel Eiweiß und Ballaststoffe. Das ist ideal, um den Blutzucker flach zu halten. Parmesan trägt mit reichlich Milchprotein ebenfalls zu einer flachen Blutzuckerkurve bei.

Mehr Carbs

400 g gegarte Kartoffeln vom Vortag in Scheiben schneiden und in etwas Öl zu Bratkartoffeln braten. Die vorgekochten Kartoffeln enthalten resistente Stärke, die für eine flachere Blutzuckerkurve sorgt. Alternativ pro Portion 1 Scheibe Brot (siehe Seite 82) zum Gericht servieren.

CHICORÉEGRATIN MIT BRATKARTOFFELN

4 Chicorée (ca. 500 g)
2 EL Olivenöl
4 dünne Scheiben Kochschinken (75 g)
75 g Doppelrahmfrischkäse
125 ml Vollmilch (3,5 % Fett)
2 EL gehackte Petersilie (frisch oder TK)
Salz | Pfeffer aus der Mühle
frisch geriebene Muskatnuss
1 EL geriebener Parmesan
1 EL gehackte Walnusskerne
500 g gegarte Kartoffeln (vom Vortag)
1 TL getrockneter Majoran

Blutzucker-Tipp

Unbedingt vorgekochte Kartoffeln verwenden. Weil sich beim Abkühlen resistente Stärke bildet, beeinflussen sie den Blutzuckerspiegel weniger als frisch gekochte. Für einen niedrigen Blutzuckerspiegel am besten zunächst einen Teil des Gratins essen und erst dann die Bratkartoffeln dazu genießen.

Für 2 Portionen
Zubereitung: ca. 30 Min.
Pro Portion ca. 580 kcal, 24 g EW, 31 g F, 50 g KH

✦ Chicorée putzen, waschen und halbieren, dabei den Strunk keilförmig herausschneiden. 1 EL Öl in einer großen Pfanne erhitzen, den Chicorée darin auf jeder Seite 1 bis 2 Minuten anbraten. Je zwei Hälften in eine Scheibe Schinken wickeln und dicht an dicht in eine gefettete Auflaufform (25 x 15 cm; ca. 1,2 l Inhalt) legen.

✦ Den Backofen auf 200 °C (180 °C Umluft) vorheizen. Den Frischkäse mit der Milch glatt pürieren. Petersilie unterrühren, mit Salz, Pfeffer und Muskatnuss kräftig würzen. Die Sauce gleichmäßig über den Chicorée gießen. Parmesan und Nüsse mischen, das Gratin damit bestreuen. Im vorgeheizten Ofen auf der mittleren Schiene 15 bis 18 Minuten überbacken.

✦ Inzwischen die Kartoffeln in Scheiben schneiden. 1 EL Öl in einer großen Pfanne erhitzen und die Kartoffeln darin unter Wenden etwa 10 Minuten braten. Mit Salz, Pfeffer und Majoran abschmecken. Das Gratin mit den Bratkartoffeln servieren.

VARIANTE: Im Frühling schmeckt das Gratin sehr gut mit weißem oder grünem Spargel statt Chicorée. Dafür den geschälten Spargel in wenig Salzwasser zugedeckt etwa 3 Minuten vorkochen. Die Stangen dann wie im Rezept angegeben weiterverarbeiten.

KARTOFFELSALAT
BASISREZEPT

Genialer Trick: Beim Abkühlen der Kartoffeln wird ein Teil ihrer Stärke in resistente Stärke umgewandelt. Das ist eine Art Ballaststoff, den unser Körper nicht verwerten kann. Dadurch wird der Blutzuckerspiegel weniger stark beeinflusst als bei gerade gegarten Kartoffeln. Das einfache Basisrezept für den Salat lässt sich nach Lust und Laune immer wieder anders variieren – mal vegetarisch, mal mit Fisch. Außerdem kann man den Salat super vorbereiten: Abgedeckt im Kühlschrank bleibt er bis zu 3 Tage frisch. Am besten also gleich die doppelte Menge zubereiten und am nächsten Tag nach Gusto aufpeppen.

1 kleine Zwiebel
2 EL Olivenöl
1 knapper TL mittelscharfer Senf
100 ml Gemüsebrühe
2–3 EL Weißweinessig
Salz | Pfeffer aus der Mühle
500 g festkochende Pellkartoffeln (vom Vortag)
1 Bund Schnittlauch

Meal Prep

Der Salat ist ideal, um Reste vom Vortag (wie z. B. Ofengemüse, gebratenes Fleisch oder Fisch, übrigen Feta, Gemüsereste, gekochte Eier oder Omelettstreifen) sinnvoll zu verwerten. Eine Eiweißkomponente sollte immer dabei sein – dann sättigt der Salat lange.

Für 2 Portionen
Zubereitung: ca. 35 Min.
Pro Portion ca. 290 kcal, 6 g EW, 11 g F, 38 g KH

✦ Die Zwiebel schälen und in feine Würfel schneiden. Das Öl in einer Pfanne erhitzen und die Zwiebel darin unter Rühren glasig dünsten. Senf und Brühe unterrühren,und einmal aufkochen. Dann 1 bis 2 Minuten köcheln lassen und vom Herd nehmen. Den Essig dazugießen, gut unterrühren und das Dressing mit Salz und Pfeffer kräftig abschmecken.

✦ Die Kartoffeln eventuell pellen (siehe Tipp) und in Scheiben schneiden. Mit dem Dressing in eine Schüssel geben und vorsichtig durchmischen. Den Salat mindestens 30 Minuten durchziehen lassen. Kurz vor dem Servieren den Schnittlauch waschen, trocken schütteln, in feine Röllchen schneiden und unter den Salat mischen. Den Kartoffelsalat nach Belieben aufpeppen (siehe nächste Doppelseite) und vor dem Servieren noch mal abschmecken.

TIPP: Die Kartoffeln sollten wegen der resistenten Stärke (siehe oben) schon am Vortag gekocht und über Nacht kühl gestellt werden. Wer die Kartoffeln in der Schale kocht, sollte sie am besten bereits vor dem Abkühlen pellen. Das geht nämlich leichter, wenn sie noch warm sind.

IMMER WIEDER ANDERS: FÜNF KARTOFFELSALAT-VARIANTEN

... mit Schinken, Radieschen und Erbsen

100 g TK-Erbsen
1 Bund Radieschen
(am besten mit frischem Grün)
150 g Kochschinken
1 Rezept Basis-Kartoffelsalat

Für 2 Portionen | Zubereitung: ca. 15 Min.
Pro Portion ca. 420 kcal, 24 g EW, 14 g F, 47 g KH

✦ Die Erbsen in eine Schüssel geben, mit kochendem Wasser übergießen und etwa 5 Minuten ziehen lassen. Die Radieschen putzen und waschen. Radieschen in schmale Scheiben hobeln oder schneiden, das Grün klein hacken. Die Erbsen abgießen und abtropfen lassen. Den Schinken klein würfeln. Alles unter den fertigen Kartoffelsalat heben.

... mit Lachs und Gurke

½ Salatgurke
50 g Rucola
1 Rezept Basis-Kartoffelsalat
200 g heiß geräucherter Wildlachs

Für 2 Portionen | Zubereitung: ca. 15 Min.
Pro Portion ca. 445 kcal, 27 g EW, 18 g F, 42 g KH

✦ Die Gurke putzen, waschen und längs halbieren, die Kerne mit einem Teelöffel herauskratzen und das Fruchtfleisch in dünne Scheiben hobeln oder schneiden. Rucola verlesen, waschen, trocken schütteln, grobe Stiele entfernen. Die Rucolablätter nach Belieben kleiner schneiden. Gurke und Rucola unter den fertigen Kartoffelsalat mischen. Den Lachs etwas auseinanderzupfen und auf dem Salat anrichten.

... mit Feta und Tomate

Für 2 Portionen | Zubereitung: ca. 10 Min.
Pro Portion ca. 610 kcal, 20 g EW, 40 g F, 41 g KH

1 Glas eingelegte Tomaten (in Öl; 120 g Abtropfgewicht)
50 g schwarze Oliven (ohne Stein)
150 g Feta (Schafskäse)
1 Rezept Basis-Kartoffelsalat

✦ Die Tomaten und Oliven in ein Sieb abgießen, gut abtropfen lassen und klein schneiden. Den Feta würfeln. Alles unter den fertigen Kartoffelsalat mischen.

... mit Spinat, Linsen und Nüssen

Für 2 Portionen | Zubereitung: ca. 15 Min.
Pro Portion ca. 575 kcal, 23 g EW, 25 g F, 62 g KH

1 Dose Linsen (240 g Abtropfgewicht)
40 g Walnusskerne
100 g Baby-Spinat
1 Rezept Basis-Kartoffelsalat

✦ Die Linsen in ein Sieb abgießen, kalt abbrausen und gut abtropfen lassen. Die Nüsse in einer Pfanne ohne Fett rösten, sofort herausnehmen und grob hacken. Den Spinat verlesen, waschen und trocken schleudern. Alles unter den fertigen Kartoffelsalat mischen.

... mit Ei, Paprika und Kresse

Für 2 Portionen | Zubereitung: ca. 10 Min.
Pro Portion ca. 470 kcal, 25 g EW, 17 g F, 46 g KH

3 hart gekochte Eier
1 rote Paprikaschote
1 Beet Kresse
1 Rezept Basis-Kartoffelsalat

✦ Die Eier pellen und achteln. Die Paprika längs halbieren, entkernen, waschen und in kleine Würfel schneiden. Die Kresse vom Beet schneiden, waschen und trocken tupfen. Alles unter den fertigen Kartoffelsalat mischen.

SÜSSES ZUM SCHLUSS

Dessert gefällig? Ja, bitte! Mit diesen kleinen Sünden schießt der Blutzucker garantiert nicht in schwindelerregende Höhen. Das liegt daran, dass hier eiweiß- und fettreiche Milchprodukte clever mit natürlich süßen Früchten kombiniert werden. Am besten gönnst du dir die schnell gemachten süßen Extras direkt nach einer Hauptmahlzeit. Denn das vorherige Gericht bremst die Aufnahme von Kohlenhydraten ins Blut ab. So macht Genießen Spaß!

Obstsalat mit Schokosahne

Für 2 Portionen | Zubereitung: ca. 15 Min.
Pro Portion ca. 260 kcal, 3 g EW, 19 g F, 17 g KH

300 g Obst (je nach Geschmack und Saison; z. B. Beeren, Kirschen, Aprikosen, Nektarinen, Orangen)
2–3 TL Zitronensaft
25 g Zartbitterschokolade
100 g Sahne

✦ Das Obst je nach Sorte putzen, waschen, entkernen und in mundgerechte Stücke schneiden. Mit dem Zitronensaft mischen und auf zwei Schälchen verteilen.

✦ Die Schokolade mit einem Messer oder im Blitzhacker fein hacken. Die Sahne steif schlagen. Die gehackte Schokolade unterheben und die Schokosahne auf den Obstsalat geben. Sofort servieren.

Hüttenkäsecreme mit Beeren

1 Becher Hüttenkäse (200 g)
1 TL Ahornsirup
½ TL Vanilleextrakt
300 g Beeren (frisch oder TK und angetaut; z. B. Erdbeeren, Himbeeren und Blaubeeren)
Minze zum Dekorieren

Für 2 Portionen | Zubereitung: ca. 15 Min.
Pro Portion ca. 170 kcal, 10 g EW, 14 g F, 1 g KH

✦ Hüttenkäse, Ahornsirup und Vanille in einen Mixer oder Blitzhacker geben und cremig pürieren. Die Creme auf zwei Schälchen verteilen.

✦ Die Beeren verlesen, putzen und waschen. Die Erdbeeren je nach Große halbieren oder vierteln. Die Beeren auf der Hüttenkäsecreme verteilen. Zum Servieren mit Minzeblätter garnieren.

Süsses zum Schluss

Mango-Joghurt-Eis mit Kokoschips

Für 2 Portionen | Zubereitung: ca. 10 Min.
Pro Portion ca. 225 kcal, 4 g EW, 12 g F, 24 g KH

150 g TK-Mangostücke
50 g griechischer Joghurt
1 EL leicht geröstete Kokoschips zum Verzieren

✦ Die Mangostücke und den Joghurt in einen leistungsstarken Mixer geben und cremig pürieren.

✦ Die Masse mit einem Eisportionierer oder mit zwei Esslöffeln zu Kugeln formen und auf zwei Schälchen verteilen. Mit Kokoschips bestreut sofort servieren.

Brownies mit Kirschen

Für 20 Stücke
Zubereitung: ca. 20 Min. + 40 Min. Backzeit
Pro Stück ca. 155 kcal, 3 g EW, 10 g F, 12 g KH

150 g Zartbitterschokolade
125 g Butter
1 Dose schwarze Bohnen (265 g Abtropfgewicht)
50 g gemahlene Mandeln
2 EL Backkakao
½ TL Backpulver
3 Eier (Größe M)
100 g Zucker (oder für die Low-Carb-Variante Xylit)
Salz
250 g entsteinte Kirschen (frisch oder TK)
Fett und gemahlene Mandeln für die Form

✦ Den Backofen auf 175 °C (150 °C Umluft) vorheizen. Eine quadratische Springform (24 x 24 cm) einfetten und mit den gemahlenen Mandeln ausstreuen.

✦ Die Schokolade in Stücke brechen und mit der Butter in einer Schüssel über dem heißen Wasserbad unter Rühren schmelzen. Die Schokomasse vom Wasserbad nehmen und etwas abkühlen lassen.

✦ Die Bohnen in ein Sieb abgießen, kalt abbrausen und gut abtropfen lassen. Mit dem Stabmixer oder im Mixer fein pürieren. Mandeln, Kakao und Backpulver mischen. Die Eier mit Zucker und 1 Prise Salz mit den Schneebesen des Handrührgeräts etwa 5 Minuten dickcremig aufschlagen. Dann die Schokomasse nach und nach dazugeben und unterrühren. Das Bohnenpüree hinzufügen und unterrühren. Zuletzt die Mandelmischung dazugeben und kurz unterrühren, bis alles gerade eben vermischt ist.

✦ Den Teig in die vorbereitete Form füllen und glatt streichen. Die Kirschen darauf verteilen und leicht in den Teig drücken. Die Brownies im vorgeheizten Ofen auf der mittleren Schiene 30 bis 40 Minuten backen – sie sollten in der Mitte noch leicht feucht sein. Herausnehmen, in der Form auf einem Kuchengitter auskühlen lassen und dann in Stücke schneiden.

REZEPTREGISTER NACH LIEBLINGSZUTATEN

LITERATUR ZUM VERTIEFEN

✦ Babraj JA, Vollaard NB, Keast C, Guppy FM, Cottrell G, Timmons JA. Extremely short duration high intensity interval training substantially improves insulin action in young healthy males. BMC Endocr Disord. 2009 Jan 28;9:3. doi: 10.1186/1472-6823-9-3. PMID: 19175906. PMCID: PMC2640399.
https://pubmed.ncbi.nlm.nih.gov/19175906/

✦ Berry, SE, Valdes, .M, Drew, DA et al. Human postprandial responses to food and potential for precision nutrition. Nat Med. 2020 Jun; 26(6):964–973. doi: 10.1038/s41591-020-0934-0. Epub 2020 Jun 11. PMID: 32528151. PMCID: PMC8265154.
https://doi.org/10.1038/s41591-020-0934-0

✦ Carey PE, Halliday J, Snaar JE, Morris PG, Taylor R. Direct assessment of muscle glycogen storage after mixed meals in normal and type 2 diabetic subjects. Am J Physiol Endocrinol Metab. 2003 Apr; 284(4): E688–E694. doi: 10.1152/ajpendo.00471.2002. Epub 2002 Nov 26. PMID: 12453829.
https://diabetesjournals.org/care/article /32/7/1199/26763/The-Second-Meal-Phenomenon-in-Type-2-Diabetes

✦ Colberg SR, Zarrabi L, Bennington L at al. Postprandial walking is better for lowering the glycemic effect of dinner than pre-dinner exercise in type 2 diabetic individuals. J Am Med Dir Assoc. 2009 Jul;10(6):394–7. doi: 10.1016/j.jamda.2009.03.015. Epub 2009 May 21. PMID: 19560716.
https://pubmed.ncbi.nlm.nih.gov/19560716/

✦ Dodi R, Di Pede G, Scarpa C, Deon V, Dall'Asta M, Scazzina F. Effect of the Pasta Making Process on Slowly Digestible Starch Content. Foods. 2023 May 20;12(10):2064. doi: 10.3390/foods12102064. PMID: 37238882; PMCID. PMC10217719.
https://pubmed.ncbi.nlm.nih.gov/37238882/

✦ Erdmann J, Kallabis B, Oppel U, Sypchenko O, Wagenpfeil S, Schusdziarra V. Development of hyperinsulinemia and insulin resistance during the early stage of weight gain. Am J Physiol Endocrinol Metab. 2008 Mar;294(3):E568–75. doi: 10.1152/ajpendo.00560.2007. Epub 2008 Jan 2. PMID: 18171910.
https://pubmed.ncbi.nlm.nih.gov/18171910/

✦ Freese J, Klement RJ, Ruiz-Núñez B et al. The sedentary (r)evolution: Have we lost our metabolic flexibility? [version 2; peer review: 2 approved, 1 approved with reservations]. F1000Research 2018; 6:1787.
https://doi.org/10.12688/f1000research.12724.2

✦ Freitas D, Boué F, Benallaoua M, Airinei G, Benamouzig R, Le Feunteun S. Lemon juice, but not tea, reduces the glycemic response to bread in healthy volunteers: a randomized crossover trial. Eur J Nutr. 2021 Feb;60(1):113–122. doi: 10.1007/s00394-020-02228-x. Epub 2020 Mar 23. PMID: 32201919.
https://pubmed.ncbi.nlm.nih.gov/32201919/

✦ Geidl-Flueck B at al.: Fructose- and sucrose- but not glucose-sweetened beverages promote hepatic de novo lipogenesis: A randomized controlled trial.

✦ J Hepatol. 2021 Jul;75(1):46–54. doi: 10.1016/j.jhep.2021.02.027. Epub 2021 Mar 6. PMID: 33684506.
https://pubmed.ncbi.nlm.nih.gov/33684506/))

✦ Grøntved A, Rimm EB, Willett WC, Andersen LB, Hu FB. A Prospective Study of Weight Training and Risk of Type 2 Diabetes Mellitus in Men. Arch Intern Med. 2012 Sep 24;172(17):1306–1312. doi:10.1001/archinternmed.2012.3138. PMID: 22868691. PMCID: PMC3822244.
https://pubmed.ncbi.nlm.nih.gov/22868691/))

✦ Gulati, S, Misra A, Tiwari R, Sharma M, Pandey RM, Upadhyay,AD, Sati HC (2023). Beneficial effects of premeal almond load on glucose profile on oral glucose tolerance and continuous glucose monitoring: randomized crossover trials in Asian Indians with prediabetes. Eur J Clin Nutr. 2023 May;77(5):586–595.doi: 10.1038/s41430-023-01263-1. Epub 2023 Feb 2. PMID: 36732571. PMCID: PMC10169634.
https://doi.org/10.1038/s41430-023-01263-1

✦ Johnston CS, Snyder D, Smith C. Commercially available gluten-free pastas elevate postprandial glycemia in comparison to conventional wheat pasta in healthy adults: a double-blind randomized crossover trial. Food Funct. 2017 Sep 20;8(9):3139–3144. doi: 10.1039/c7fo00099e. PMID: 28771262.
https://pubmed.ncbi.nlm.nih.gov/28771262/

✦ Jovanovic A, Gerrard J, Taylor R. The Second-Meal Phenomenon in Type 2 Diabetes. Diabetes Care. 2009 Jul;32(7):1199–201. doi: 10.2337/dc08-2196. Epub 2009 Apr 14. PMID: 19366973. PMCID: PMC2699724 .
https://doi.org/10.2337/dc08-2196

✦ Juntunen KS, Niskanen LK, Liukkonen KH, Poutanen KS, Holst JJ, Mykkänen HM. Postprandial glucose, insulin, and incretin responses to grain products in healthy subjects. Am J Clin Nutr. 2002 Feb;75(2):254–62. doi: 10.1093/ajcn/75.2.254. PMID: 11815315.
https://pubmed.ncbi.nlm.nih.gov/11815315/

✦ Klammer C, Schindler K, Bugl R et al. Ernährungsempfehlungen für Menschen mit Diabetes (Update 2023) [Nutrition for diabetic patients (Update 2023)]. Wien Klin Wochenschr. 2023 Jan;135(Suppl 1):62–77. German. doi: 10.1007/s00508-023-02170-y. Epub 2023 Apr 20. PMID: 37101026. PMCID: PMC10133079.
https://www.ncbi.nlm.nih.gov/pmc/articles/PMC10133079/#CR81

✦ Oba-Yamamoto C, Takeuchi J, Nakamura A, Takikawa R, Ozaki A, Nomoto H, Kameda H, Cho KY, Atsumi T, Miyoshi H. Combination of alcohol and glucose consumption as a risk to induce reactive hypoglycemia. J Diabetes Investig. 2021 Apr;12(4):651-657. doi: 10.1111/jdi.13375. Epub 2020 Sep 7. PMID: 33448697; PMCID: PMC8015820.
https://pubmed.ncbi.nlm.nih.gov/33448697/

✦ Pan A, Schernhammer ES, Sun Q, Hu FB. Rotating night shift work and risk of type 2 diabetes: two prospective cohort studies in women. PLoS Med. 2011 Dec;8(12):e1001141. doi: 10.1371/journal.pmed.1001141. Epub 2011 Dec 6. PMID: 22162955. PMCID: PMC3232220.

✦ Panahi S, Luhovyy BL, Liu TT, Akhavan T et al. Energy and macronutrient content of familiar beverages interact with pre-meal intervals to determine later food intake, appetite and glycemic response in young adults. Appetite. 2013 Jan;60(1):154–161. doi: 10.1016/j.appet.2012.09.018. Epub 2012 Sep 26. PMID: 23022554.
https://pubmed.ncbi.nlm.nih.gov/23022554/

✦ Pasmans K, Meex RCR, van Loon LJC, Blaak EE. Nutritional strategies to attenuate postprandial glycemic response. Obes Rev. 2022 Sep;23(9): e13486. doi: 10.1111/obr.13486. Epub 2022 Jun 10. PMID: 35686720. PMCID: PMC9541715.
https://pubmed.ncbi.nlm.nih.gov/35686720/

✦ Preethi S, Karlamangla AS. Relative Muscle Mass Is Inversely Associated with Insulin Resistance and Prediabetes. Findings from The Third National Health and Nutrition Examination Survey. J Clin Endocrinol Metab. 2011 Sep;96(9):2898–903. doi: 10.1210/jc.2011-0435. Epub 2011 Jul 21. PMID: 21778224.
https://doi.org/10.1210/jc.2011-0435

✦ Saito Y, Kajiyama S, Nitta A, Miyawaki T et al. Eating Fast Has a Significant Impact on Glycemic Excursion in Healthy Women: Randomized Controlled Cross-Over Trial. Nutrients. 2020 Sep 10;12(9):2767. doi: 10.3390/nu12092767. PMID: 32927895. PMCID: PMC7551722.
https://pubmed.ncbi.nlm.nih.gov/32927895/

✦ Sengupta P. Health Impacts of Yoga and Pranayama: A State-of-the-Art Review. Int J Prev Med. 2012 Jul;3(7):444–58. PMID: 22891145. PMCID: PMC3415184.
https://www.ncbi.nlm.nih.gov/pmc/articles/PMC3415184/

✦ Shkembi B, Huppertz T. Glycemic Responses of Milk and Plant-Based Drinks: Food Matrix Effects. Foods. 2023 Jan 18;12(3):453. doi: 10.3390/foods12030453. PMID: 36765982. PMCID: PMC9914410.
https://pubmed.ncbi.nlm.nih.gov/36765982/

✦ Suez J et al.: Personalized microbiome-driven effects of non-nutritive sweeteners on human glucose tolerance,Cell. 2022 Sep 1;185(18):3307–3328.e19. doi: 10.1016/j.cell.2022.07.016. Epub 2022 Aug 19. PMID: 35987213.
https://www.sciencedirect.com/science/article/pii/S0092867422009199

✦ Yamaji T, Mikami T, Kobatake H et al. You Eat Too Fast: Fast Eating Associate With Obesity and Future Prevalence of Metabolic Syndrome. Circulation. 2017;136:A20249.
https://www.ahajournals.org/doi/10.1161/circ.136.suppl_1.20249

✦ Teich T, Riddell MC. The Enhancement of Muscle Insulin Sensitivity After Exercise: A Rac1-Independent Handoff to Some Other Player?, Endocrinology. 2016 Aug;157(8):2999–3001.doi: 10.1210/en.2016-1453. PMID: 27477862.
https://doi.org/10.1210/en.2016-1453

✦ Vanhatalo S, Dall'Asta M, Cossu M, Chiavaroli L et al. Pasta Structure Affects Mastication, Bolus Properties, and Postprandial Glucose and Insulin Metabolism in Healthy Adults. J Nutr. 2022 Apr 1;152(4):994–1005. doi: 10.1093/jn/nxab361. PMID: 34669959. PMCID: PMC8971003.
https://pubmed.ncbi.nlm.nih.gov/34669959/

✦ Wasserman DH. Four grams of glucose. Am J Physiol Endocrinol Metab. 2009 Jan; 296(1): E11–21. doi: 10.1152/ajpendo.90563.2008. Epub 2008 Oct 7. PMID: 18840763. PMCID: PMC2636990.
https://pubmed.ncbi.nlm.nih.gov/18840763/

✦ Yang X et al: Effect of an Intermittent Calorie-restricted Diet on Type 2 Diabetes Remission: A Randomized Controlled Trial. J Clin Endocrinol Metab. 2023 May 17;108(6):1415–1424. doi: 10.1210/clinem/dgac661. PMID: 36515429.
https://doi.org/10.1210/clinem/dgac661

DIE EXPERTINNEN

Barbara Becker ist Schauspielerin, Designerin, Unternehmerin und Gesundheits-Ikone. Ihre Bücher und DVDs zu Fitness- und Gesundheitsthemen wie Pilates, Yoga oder Better Aging sind extrem erfolgreich. Ihr Scheinfasten-Ratgeber „Five Days Only", den sie gemeinsam mit Franca Mangiameli verfasste, stand wochenlang auf den Bestsellerlisten. Barbara Becker lebt in Miami, Florida.

Franca Mangiameli ist Diplom-Ökotrophologin und hat in Gießen Ernährungswissenschaften studiert. Seit 2010 ist sie Geschäftsführerin der Hamburger essteam GbR, die Fachseminare und Ernährungsberatung anbietet. Franca Mangiameli hat viele erfolgreiche Ernährungsratgeber geschrieben und gibt ihre Expertentipps auch in Zeitschriften sowie TV-Kochshows und -Magazinen weiter.

HINWEIS

Die Ratschläge in diesem Buch wurden mit größter Sorgfalt von Autorinnen und Verlag erarbeitet und geprüft. Eine Garantie kann jedoch nicht übernommen werden. Ebenso ist eine Haftung der Autorinnen bzw. des Verlags und seiner Beauftragten für Personen-, Sach- oder Vermögensschäden ausgeschlossen. Erkrankungen mit ernstem Hintergrund gehören in ärztliche Behandlung! Bei bereits bestehenden Beschwerden kann das Buch daher keinen fachärztlichen Rat ersetzen.

ZU DEN AUTORINNEN

Sie ist vielseitig aufgestellt und immer wieder an Neuem interessiert: Für Fitness-Ikone **Barbara Becker** gibt es keinen Stillstand. Ob als Schauspielerin, Model, Designerin oder Bestsellerautorin - ein gesunder Lebensstil ist für sie selbstverständlich. Dennoch gibt es Dinge, die sie verbessern kann, wie ihr Selbstversuch für dieses Buch zeigt. Die Frage, wie Zucker zu welchem Zeitpunkt auf den Körper wirkt, hat ihr neue wertvolle Erkenntnisse gebracht. Die helfen dabei, eine gesunde Ernährung noch besser mit Genuss und Lebensfreude zu verbinden. Auch für die Diplom-Ökotrophologin **Franca Mangiameli,** Autorin zahlreicher erfolgreicher Ernährungsratgeber, ist das ein großes Thema. Sie hat dieses Buch mit umfassendem wissenschaftlichen Hintergrund untermauert.

IMPRESSUM

Hinter jedem tollen Buch steckt ein starkes Team

Projektleitung: *Kathrin Ullerich*
Texte und redaktionelle Mitarbeit: *Franziska Pfeiffer*
Rezepte: *Inga Pfannebecker*
Lektorat: *Edelgard Prinz-Korte*
Covergestaltung: *Ina Zimmermann*
Grafische Gestaltung und Satz: *Ina Zimmermann, 31Media GmbH/Stephanie Willing*
Fotografie: *31Media GmbH/Ben Fuchs*
Foodstyling: *31Media GmbH /Pedro Torres*
Herstellung: *Frank Jansen*
Producing: *Jan Russok*
Druck & Bindung: *optimal media GmbH, Röbel*

2. Auflage 2024
© 2024 Edel Verlagsgruppe GmbH
Kaiserstraße 14 b
D-80801 München
ISBN: 978-3-96584-384-4

BILDNACHWEIS

Pauline Karlson: S. 22; Joseph Montezinos: S. 165, 166; Shutterstock: 41, 44, 45, 46, 47, 51, 126, 139; Claudia Timmann: S. 9, 35, 165

FOOD FOTOS

Im Buch enthaltene Fotos können zur eigenen Nutzung erworben werden unter *www.stockfood.de*

LIEBE LESERINNEN, LIEBE LESER,

wie schön, dass Sie ein Buch von ZS in den Händen halten. „Jetzt leben!“ ist das Motto unseres Verlages. Es steht für Genuss und Inspiration, Unterstützung und Motivation. Ob Kulinarik oder Fitness, Gesundheit oder Lebenshilfe – seit über 30 Jahren bieten wir kompetente Ratgeber für (fast) alle Lebenslagen. Wir lieben Tradition genauso wie Innovation – sie treiben uns an. Unsere Autorinnen und Autoren sind Menschen, die zu ihrem Thema wirklich etwas zu sagen und zu schreiben haben. Unsere Produkte sind erzählerisch, appetitmachend und als gedruckte Bücher haptisch echte Erlebnisse. Für Sie mit ganz viel Liebe gemacht! Entdecken Sie mehr aus unserer wunderbaren Welt!

UNSER VERLAGSHAUS

Mit Standorten in Hamburg und München zählt die Edel Verlagsgruppe zu den größten unabhängigen Buchanbietern Deutschlands. Zur Gruppe gehören die Verlage Dr. Oetker Verlag, Edel Sports, KARIBU und ZS.

ZS - Ein Verlag der Edel Verlagsgruppe
www.zsverlag.de
www.facebook.com/zsverlag
www.instagram.com/zsverlag

FÜR DIE UMWELT

ZS unterstützt bei der Produktion dieses Buches das Projekt „Junge Riesen für die nächsten 100 Jahre“ im Naturpark Nossentiner/Schwinzer Heide. Damit wird ein Anteil der unvermeidbaren CO_2-Emissionen im direkten Umfeld des Produktionsstandortes kompensiert.

PARTNER
Naturpark
Nossentiner / Schwinzer Heide
www.optimal-media.com/naturschutzprojekt-001

NEWSLETTER

Was koche ich heute Feines? Und wie geht das – schmackhaft und gesund?

Melden Sie sich jetzt zum ZS-Genuss-Service an und verpassen Sie keine kulinarischen und gesundheitlichen Trends mehr.
Wir informieren Sie regelmäßig über unsere Neuerscheinungen, Aktionen oder Gewinnspiele und verraten Ihnen unsere Lieblingsrezepte!

GEWINNEN

Unter allen Neuabonnierenden verlosen wir jeden Monat eine *ZS-Genuss-Box* im Wert von 75,00 €.

Jetzt anmelden unter:
www.zsverlag.de/newsletter
oder den QR Code scannen:

ANMELDEN!